Tim Oliver Schnettler

John Steinbeck's
The Log From the Sea of Cortez
und die zeitgenössische
amerikanische Umweltbewegung

Diplomica® Verlag GmbH

Schnettler, Tim Oliver: John Steinbeck's The Log From the Sea of Cortez und die zeitgenössische amerikanische Umweltbewegung, Hamburg, Diplomica Verlag GmbH 2009

ISBN: 978-3-8366-8373-9
Druck Diplomica® Verlag GmbH, Hamburg, 2009

Bibliografische Information der Deutschen Nationalbibliothek
Die Deutsche Nationalbibliothek verzeichnet diese Publikation in der Deutschen Nationalbibliografie; detaillierte bibliografische Daten sind im Internet über http://dnb.d-nb.de abrufbar.

Die digitale Ausgabe (eBook-Ausgabe) dieses Titels trägt die ISBN 978-3-8366-3373-4 und kann über den Handel oder den Verlag bezogen werden.

Für all das Gute an dieser Studie gebührt vielen Menschen Dank. Für alles Schlechte habe ich allein Rechnung zu tragen.

Besonderer Dank gilt im Folgenden:

Prof. Dr. Sylvya Mayer, für die Betreuung der Studie, unerschöpfliche Geduld und Nachsicht.

Dr. Johannes Raabe, ohne dessen Unterstützung das Erreichte immer noch in weiter Ferne läge.

Annegret und Harald Schnettler für ihre Liebe, Unterstützung, Nachsicht und Geduld;
Jan Patrick Schnettler, immerwährendes Vorbild und Inspiration;
Christine Raith, für all das was andere nicht zu geben bereit wären, Kraft und Liebe;
Catherine und Paul Drobny; Hans-Christian Landrock; Stefanie Scholl;
dem Goethe-Institut San Francisco; dem John Steinbeck Center in Salinas, Kalifornien;
der University of California, Berkeley; Daniel Chaffey; Tetsumaru Hayashi; John Steinbeck;
R.T.; Lefty O'Doul's; und vielen, vielen mehr.

Tim Oliver Schnettler im August 2009

Inhaltsverzeichnis

1.   Einleitung... 1

1.1   Aufbau der Studie.. 3

1.2   Situierung der Studie im Bereich des *Ecocriticism*........................ 7

1.3   Forschungsstand.. 9

1.4   Zur Literaturauswahl... 11

1.5   Zielsetzung der Studie... 15

2.   Die US-amerikanische Umweltbewegung................................. 17

2.1   Grundzüge der US-amerikanischen Umweltgeschichte............... 17

2.2   *American Environmental Movement*: Die Entstehung einer
      Amerikanischen Umweltbewegung...................................... 19

2.3   Die Moderne Amerikanische Umweltbewegung......................... 21

2.4   Auf dem Weg zu einer Globalen Umweltpolitik........................ 24

2.5   Die Ideologischen Grundlagen der Gegenwärtigen
      Amerikanischen Umweltbewegung...................................... 26

3.   Das Genre des *Nature Writing*... 28

3.1.1 Grundlagen des Genres des *Nature Writing*........................... 28

3.1.2 Einordnung des Genres des *Nature Writing*........................... 30

3.2   John Steinbecks *The Log From the Sea of Cortez* und das
      Genre des *Nature Writing*.. 31

4.   John Steinbecks *The Log From the Sea of Cortez*.................... 36

4.1   Der Expeditionsverlauf der *Western Flyer*............................. 36

4.2   Ökologie und John Steinbecks *The Log From the Sea of Cortez* 39

4.3   Ökologische Aspekte in John Steinbecks *The Log From the Sea
      of Cortez*.. 40

4.4   Widersprüchliche Aussagen und Handlungen in John Steinbecks
      The Log From the Sea of Cortez.. 49

5.   Die Ökologischen Aspekte in John Steinbecks *The Log From the
      Sea of Cortez,* die Ökologische Realität und die Gegenwärtige
      Amerikanische Umweltbewegung.. 52

6.   Schluss.. 60

7.   Bibliographie.. 65

7.1   Primärtexte.. 65

7.2   Sekundärtexte.. 65

1. Einleitung

"If present trends continue, the world in 2000 will be more crowded, more polluted, less stable ecologically, and more vulnerable to disruption than the world we live in now."[1] Mit diesen Worten nahm Gerald O. Barney 1979 bereits in der Einleitung des *Global 2000 Report to the President* die Ergebnisse seiner Studie vorweg. Dieses Zitat und die zugrunde liegende Studie zeigen eindringlich, dass ökologische Prophezeihungen und Befürcht-ungen auf lange Sicht hin Realität werden und sich in der globalen politischen Agenda niederschlagen können. Gerade in den vergangenen zehn bis zwanzig Jahren hat sich die Weltpolitik, nicht zuletzt beeinflusst durch öffentlichen Druck, welcher zu einem nicht unbeträchtlichen Teil auch durch die Umweltbewegung in der Bevölkerung aufgebaut wurde, vermehrt ökologischen Themen zugewandt.[2] Diesen aus dem Weg zu gehen ist heutzutage aus zweierlei Gründen unmöglich. So genießen ökologische Themen einerseits eine ungeheure Medienpräsenz[3], auf der anderen Seite kann der mündige Bürger die mit ihnen einhergehende Brisanz unter Berücksichtigung der Verantwortung jedes Einzelnen für den Lebensraum Erde und dessen Ökosystem nicht mehr ignorieren. Diese Tatsachen in Verbindung mit der dem folgenden Zitat innewohnenden These haben die Themenwahl für die vorliegende Studie maßgeblich beeinflusst. "Literary works often precede and foretell the articulation of philosophical concepts."[4] So drängt sich gerade unter der Berücksichtigung des relativ neuen Forschungsbereichs des *Ecocriticism* im Rahmen der Literaturwissenschaft, welcher im weiteren Verlauf der Studie noch genauer zu definieren und zu untersuchen sein wird, die Frage auf, ob und inwieweit literarische Werke wirklich dazu in der Lage sind, die nachhaltige reale Entwicklung durch ihre Aussagen zu beeinflussen oder in einem weiteren Schritt gar künftige Entwicklungen vorwegzunehmen. Die Wahl von John Steinbeck und *The Log From the Sea of Cortez*[5] fiel hierbei aus zweierlei Gründen einfach.

---

[1] Gerald O. Barney, *The Global 2000 Report to the President: Entering the Twenty-first Century* (Arlington: Seven Locks, 1980) 1.

[2] Vgl. hierzu den Sammelband: Peter, Dauvergne (ed.): *Handbook of Global Environmental Politics* (Cheltenham: Elgar, 2005). Dieser gibt einen guten Überblick über die Entwicklungen der vergangenen Jahre.

[3] Vgl: Marcus Maurer/Carsten Reinemann, *Medieninhalte: Eine Einführung* (Wiesbaden: Verlag für Sozialwissenschaften, 2006) 198ff.

[4] Clifford Eric Gladstein/Mimi Reisel Gladstein, „Revisiting the Sea of Cortez with a „Green" Perspective," *Steinbeck and the Environment: Interdisciplinary Approaches,* ed. Susan F. Beegel/Susan Shillinglaw/Wesley N. Tiffney, Jr. (Tuscaloosa: University of Alabama, 1997) 162. Künftig zitiert als: Gladstein/Gladstein, "Revisiting the Sea of Cortez with a "Green" Perspective".

[5] John Steinbeck, *The Log From the Sea of Cortez* (New York: Penguin Books, 1995) Wird künftig wie üblich als Werktitel (*The Log From the Sea of Cortez*) zitiert.

So sind einerseits in vielen von John Steinbecks Werken kritische Aussagen bezüglich des Umganges des Menschen mit der Natur zu finden: *"From* The Grapes of Wrath *to* America and Americans, *John Steinbeck wrote searingly in both fiction and prose about America's despoliation of the environment."*[6] Auch *The Log From the Sea of Cortez* lässt gleich auf den ersten Blick seinen ökologischen Grundkanon erkennen, da John Steinbeck bereits in der Einleitung ökologische Themen anspricht und deren Bedeutung für das Werk herausstellt (Vgl.: *The Log From the Sea of Cortez 1-3)*. Allerdings lässt sich in diesem Rahmen feststellen, dass nicht zuletzt aufgrund der Tatsache, dass es sich bei dem Forschungsbereich des *Ecocriticism* um einen verhältnismäßig jungen handelt, eine tiefergehende Auseinandersetzung mit diesem Werk im Bezug auf dessen ökologischen Grundkanon sowie seine etwaige Bedeutung und seine Folgen für die gegenwärtige amerikanische Umweltbewegung bisher ausblieb. Darüber hinaus liegt diese Tatsache auch darin begründet, dass sich die *Steinbeck Studies* bisher zumeist anderen Aspekten in *The Log From the Sea of Cortez* zugewandt haben. Unter Berücksichtigung dieser Umstände erschien es ebenso sinn- wie wertvoll, sich mit dem Thema "John Steinbecks *The Log From the Sea of Cortez* und die Gegenwärtige Amerikanische Umweltbewegung" auseinanderzusetzen, um diese Lücke in den *Steinebck Studies* schließen zu können und die dahingehende Bedeutung des Werkes herauszustellen. Die dieser Studie zugrunde liegende und zu überprüfende These wird es folglich sein, dass John Steinbecks *The Log From the Sea of Cortez* Aussagen, Ansichten und Befürchtungen beinhaltet, welche sich in dem ideologischen Katalog der gegenwärtigen amerikanischen Umweltbewegung und der Agenda der gegenwärtigen Umweltpolitik niedergeschlagen und in der ökologischen Realität bewahrheitet haben. Diese wird auf ihren Wahrheitsgehalt hin zu überprüfen sein.

---

[6]   Roy Simmonds, „A World to Be Cherished: Steinbeck as a Conservationalist and Ecolocial Prophet," *Steinbeck and the Environment: Interdisciplinary Approaches,* ed. Susan F. Beegel/Susan Shillinglaw/Wesley N. Tiffney, Jr. (Tuscaloosa: University of Alabama, 1997) 323. Vgl. auch: Joel W. Hedgpeth , „John Steinbeck: Late-Blooming Environmentalist," *Steinbeck and the Environment: Interdisciplinary Approaches,* ed. Susan F. Beegel/Susan Shillinglaw/Wesley N. Tiffney, Jr. (Tuscaloosa: University of Alabama, 1997) 293-309.

1.1 Aufbau der Studie

Die vorliegende Studie kann im Grunde als zweigeteilt betrachtet werden. Der erste, ökologische Teil der Studie widmet sich der Geschichte der US-amerikanischen Umweltbewegung, der Entstehung einer globalen Umweltpolitik und der gegenwärtigen amerikanischen Umweltbewegung und ist in sich chronologisch aufgebaut. Der zweite, literarische Teil der Studie wird aufgrund der Beantwortung der Genre-Frage einen unmerklich größeren Umfang im Vergleich zu ersterem haben. In ihm soll neben der Frage nach der Genrebestimmung von John Steinbeck's *The Log From the Sea of Cortez,* jene nach den darin zu findenden ökologischen Aspekten im Vordergrund stehen.

Nach einigen einleitenden Erörterungen, welche unter anderem die Situierung der vorliegenden Studie im Forschungsbereich des *Ecocriticism* sowie die Literaturauswahl rechtfertigen und sowohl den Forschungsstand als auch das erwünschte Erkenntnisinteresse darlegen sollen, beginnt der Hauptteil der Studie somit mit einem Abriss über die US-amerikanische Umweltbewegung. Dieser erscheint, bedenkt man die der Studie zugrunde liegende Thematik, unabdingbar. Aufgrund der Tatsache, dass die Publikation von Rachel Carson's *Silent Spring*[7] im Jahre 1962 eine Zäsur in der Entwicklung der US-amerikanischen Umweltbewegung darstellt, wird dieses Ereignis auch diesen Glieder-ungspunkt der Studie mitbestimmen und ihn parallel zu den realen Entwicklungen in zweierlei Komplexe untergliedern.

Bevor sich die Studie der Entstehung einer amerikanischen Umweltbewegung, also ihren Grundlagen in den *conversation, preservation* und *humane movements,* die sich Mitte des 19. Jahrhunderts entwickelten, widmen wird, erfolgt ein Diskurs über die US-amerikanische Umweltgeschichte, welcher aus den folgenden Gründen unausweichlich erscheint. So wurde das Mensch-Natur-Verhältnis der amerikanischen Bürger in großem Maße dadurch geprägt, dass sich die ersten Generationen der Amerikaner einer ebenso großen wie rohstoffreichen Landmasse gegenüber sahen. Der rapide Aufstieg der USA liegt nicht zuletzt darin begründet, dass man bereit war, sich die Ressourcen in der Natur ohne Einschränkungen zu Nutze zu machen. Ein Verhalten, welches das Bild Nordamerikas innerhalb weniger Generationen verändern sollte.[8]

---

[7]   Rachel Carson, *Silent Spring* (Harcourt: Houghton Mifflin, 2002). Künftig zitiert als: Carson, „Silent Spring".

[8]   Vgl.: Sylvia Mayer, *Naturethik und Neuengland-Regionalliteratur: Harriet Beecher Stowe, Rose Terry Cooke, Sarah Orne Jewett, Mary E. Wilkins Freeman* (Heidelberg: Winter, 2004) 39. Künftig zitiert als: Mayer, „Naturethik und Neuengland Regionalliteratur".

Es ist daher offensichtlich, dass das Mensch-Natur-Verhältnis der Bürger der frühen Vereinigten Staaten von Amerika Auswirkungen auf die späteren Umweltbewegungen sowie die Umweltpolitik hatte. Beide hatten sich in ihren Anfängen vor allem mit Problemen auseinanderzusetzen, die ihre Grundlagen in der frühen Umweltgeschichte der USA haben.

Der auf die vorangegangenen Ausführungen aufbauende Unterpunkt wird sich mit den sich Mitte des 19. Jahrhunderts entstehenden Umweltbewegungen, den *conservation, preservation* und *humane movements* befassen. Hier sollen deren Entstehung, Recht-fertigung und Entwicklung dargelegt, sowie deren Bedeutung für die moderne amerikanische Umweltbewegung herausgestellt werden. Wie bereits erwähnt, wird sich die vorliegende Studie im Anschluss daran mit der Entwicklung ebendieser modernen amerikanischen Umweltbewegung auseinandersetzen.

Ausgehend von der Publikation von Rachel Carson's *Silent Spring* im Jahre 1962, welche als Initialzündung für das Entstehen der modernen Umweltbewegung gesehen werden kann, soll deren weitere Entwicklung aufgezeigt werden. In diesem Rahmen ist ein Vergleich des modernen *environmentalism* mit den *conservation, preservation* und *humane movements* des 19. und 20. Jahrhunderts, aus welchen dieser, wie bereits erwähnt, seine Grundlagen bezieht, vorgesehen. Darüber hinaus werden die Antikriegsdemonstrationen der 60er und 70er Jahre, die Bürgerrechtsdemonstrationen sowie das zeitgleich entstehende *hippie movement* Erwähnung finden, da auch diesen stets ein ökologischer Aspekt attestiert werden konnte.

In der Folge soll die parallel verlaufende Entwicklung umweltpolitischer Aktivitäten hin zu einer globalen Umweltpolitik bearbeitet werden, da diese nicht zuletzt auch als direkte Folge der immer mehr an Einfluss gewinnenden Umweltbewegung gesehen werden kann. Eine Auseinandersetzung mit den Grundideen und den ideologischen Grundlagen der gegenwärtigen amerikanischen Umweltbewegung wird diesem Gliederungspunkt und somit dem ökologischen Teil der Studie als Abschluss dienen.

Die Untergliederung in die moderne amerikanische Umweltbewegung und die ideologischen Grundlagen der gegenwärtigen amerikanischen Umweltbewegung ist hierbei dadurch begründet, dass die für die Thematik der vorliegenden Studie relevanten Aspekte nochmals abschliessend zusammengefasst werden sollen, um den späteren Vergleich mit John Steinbecks Werk übersichtlicher zu gestalten.

Eine tiefergehende Erörterung der unterschiedlichen Facetten der gegenwärtigen Umweltpolitik ist aufgrund ihrer Vielschichtigkeit unter Berücksichtigung des begrenzten Umfanges einer derartigen Studie an dieser Stelle nicht möglich, die für diese Studie relevanten Aspekte werden jedoch lückenlos herausgestellt.[9] Eine Auseinandersetzung mit den verschiedenen Splittergruppen der gegenwärtigen amerikanischen Umweltbewegung kann somit nicht erfolgen, vielmehr soll die Grundtendenz der Umweltbewegung aufgezeigt werden. Hierdurch soll es der Folge ermöglicht werden, diese einem Vergleich mit John Steinbecks *The Log From the Sea of Cortez* zu unterziehen.

Der literarische Teil der vorliegenden Studie wird sich einleitend mit dem Genre des *Nature Writing*, dem eine große Bedeutung im Bereich des *Ecocriticism* zuteil wird, befassen. Ausgehend von einer allgemeinen Definition sollen in der Folge die Grundlagen des Genres des *Nature Writing* dargelegt und seine Charakteristika in Bezug auf Form, Stil und Funktion herausgearbeitet werden. Hierdurch soll es im weiteren Verlauf ermöglicht werden, diese einem Vergleich mit John Steinbecks *The Log From the Sea of Cortez* zu unterziehen. Dieser Gliederungspunkt soll der nachfolgenden Diskussion, ob John Steinbecks Werk als dem Genre des *Nature Writing* zugehörig geschrieben werden kann, als Ausgangspunkt dienen.

Folglich wird sich im anschliessenden Punkt ebendiese literaturwissenschaftliche Bearbeitung der Genre-Frage befinden. Hier soll John Steinbecks *The Log From the Sea of Cortez* mit den Charakteristika des Genres des *Nature Writing* verglichen werden, um die Frage beantworten zu können, ob es ebendiesem Genre zuzuordnen ist.

Der Teil der Studie, welcher sich daraufhin mit John Steinbecks *The Log From the Sea of Cortez* befasst, wird von einigen Erläuterungen bezüglich der verschiedenen Ausgaben des Werkes einschließlich jener, welche dieser Studie zu Grunde liegt, eingeleitet. Dies scheint dahingehend sinnvoll, da es eine Vielzahl an verschiedenen Ausgaben gibt, welche sich mitunter grundlegend voneinander unterscheiden, was zumindest eine kurze Bearbeitung obligatorisch erscheinen lässt.

Diese einleitenden Erörterungen werden gefolgt von einer Zusammenfassung der Expedition, welche die Besatzung der *Western Flyer* 1940 in den Golf von Kalifornien geführt hatte. Hierbei muss man sich vor Augen führen, dass John Steinbecks *The Log From the Sea of Cortez* im Grunde als zweigeteilt angesehen werden kann.

---

[9]   Einen guten Überblick über die Entwicklung der Umweltbewegung in den letzten Jahren bietet unter anderem: Robert Gottlieb, *Forcing the Spring: The Transformation of the American Environmental Movement* (Washington: Island Press, 2005). Insbesondere Kapitel 4 und 5 sind diesbezüglich besonders informativ (161-269). Künftig zitiert als: Gottlieb, „Forcing the Spring."

Auf der einen Seite befindet sich der Expeditionsablauf, auf der anderen Seite sind Steinbecks Gedanken, seine Weltanschauung und seine Philosophien zu finden. Den Ablauf der Expedition an diesem Punkt zu erwähnen erscheint insofern sinnvoll, da eben dieser als Grundlage und Rahmenwerk für Steinbecks Ausführungen, die den Kern dieser Studie bilden, dient.

Darüber hinaus kann der Expeditionsablauf ebenfalls Aufschlüsse über den ökologischen Grundkanon des Werkes bieten und scheint daher für die Gesamtaussage der vorliegenden Studie als unerlässlich.

In der Folge wird sich die vorliegende Studie den ökologischen Aspekten, welche in John Steinbecks *The Log From the Sea of Cortez* zu finden sind, widmen. Ausgehend von dem ihm zugrunde liegenden Mensch-Natur-Verhältnis soll versucht werden, John Steinbecks Weltanschauung und seine Philosophien, seine Einstellung und seine Bedenken bezüglich der Umwelt und ihrer Zukunft, sowie seine diesbezüglichen Prophezeihungen darzulegen.

Im Rahmen dieser Studie wird es allerdings auch unausweichlich sein, sich mit jenen Passagen des Werkes auseinanderzusetzen, welche der potentiell ökologisch verantwortungsvollen und weitsichtigen Einstellung Steinbecks und somit dem ökologischen Gesamtkanon widersprechen. Der Bedeutung dieser Passsagen für die Gesamtaussagekraft der vorliegenden Studie soll im darauf folgenden Unterpunkt Rechnung getragen werden.

Am Schluss des Hauptteiles der Studie sollen dann die beiden Hauptblöcke der Studie analog gegenübergestellt und die in all den vorangegangenen Gliederungspunkten erarbeiteten Ergebnisse zusammengeführt und bewertet werden. Die Studie abschließen wird somit ein Vergleich der sich in John Steinbecks *The Log From the Sea of Cortez* befindlichen ökologisch geprägten Aussagen mit den Anliegen der gegenwärtigen amerikanischen Umweltbewegung und der umweltpolitischen Lage sowie der ökologischen Realität der Gegenwart. Hierin sollen der Wert und die Bedeutung dieser Aussagen herausgestellt werden und die aufgestellte These auf ihre Richtigkeit und Aussagekraft hin geprüft werden.

1.2 Situierung der Arbeit im Bereich des *Ecocriticism*

Der Forschungsbereich des *Ecocriticism* ist einer der jüngsten in der gegenwärtigen Literaturwissenschaft. So setzte "die Institutionalisierung des Forschungsbereichs *Eco-criticism* [...] in den Literatur- und Kulturwissenschaften der USA zu Beginnn der 1990er Jahre mit der Gründung der *Association for the Study of Literature and the Environment* (*ASLE*) ein."[10] *ASLE* dominiert seit seiner Gründung den Forschungsbereich des *Eco-criticism* in all seinen Facetten und hat in den vergangenen Jahren seinen Einflussbereich auch über die USA hinaus erweitert:

> From the point of view of academics, ecocriticism is dominated by the Association for the Study of Literature and the Environment (ASLE), a professional association that started in America but now has significant branches in the UK and Japan. It organises regular conferences and publishes a journal that includes literary analysis, creative writing and articles on environmental education and activism.[11]

In den Anfangsjahren des Forschungsbereiches des *Ecocriticism* setzte sich dieser haupt-sächlich mit dem Verhältnis zwischen Literatur und der Umwelt auseinander:

> Simply put, ecocriticism is the study of the relationship between literature and the physical environment. Just as feminist criticism examines language and literature from a gender-concious perspective, and Marxist criticism brings an awareness of modes of production and econcomic class to its reading of texts, ecocriticism takes an earth-centred approach to literary studies.[12]

Zunächst hatte sich der Forschungsbereich des *Ecocriticism* inhaltlich ausschließlich der *Romantic Poetry,* dem *Wilderness Narrative* sowie dem *Nature Writing* gewidmet. In den letzten Jahren hat sich *ASLE* einem breiteren Feld des kulturellen *Ecocriticism* zugewandt und impliziert nunmehr auch *Popular Scientific Writing,* Film, Fernsehen, Kunst und weitere kulturelle Phänomene. Es lässt sich daher zusammenfassend feststellen, dass sich der Forschungsbereich des *Ecocriticism* im Grunde mit der Beziehung zwischen dem Menschen und der nicht-menschlichen Umwelt auseinandersetzt.[13]

---

[10]   Mayer, „Naturethik und Neuengland Regionalliteratur" 9.
[11]   Greg Garrard, *Ecocriticism* (New York: Routledge, 2004) 4. Künftig zitiert als: Garrard, „Ecocriticism".
[12]   Cherryll Glotfelty, „Introduction: Literary Studies in an Age of Environmental Crisis" *The Ecocriticism Reader: Landmarks in Literary Ecology,* ed. Cherryll Glotfelty (Athens: University of Georgia, 1996) xix.
[13]   Vgl.: Garrard, „Ecocriticism" 4f.

Der Forschungsbereich des *Ecocriticism* kann als eine Reaktion auf eine globale ökologische Krise gesehen werden und liegt begründet in dem Bedürfnis und setzt sich darüber hinaus zum Ziel, Wissen über alle Facetten der Beziehung des Menschen und der nicht-menschlichen Natur zu erlangen, um somit einen bewussteren Umgang mit ebendieser zu fördern. Darüber hinaus widerspricht der Forschungsbereich des *Eco-criticism* vehement dem hierarchischen Dualismus, welcher den Menschen als der Natur übergeordnet betrachtet, es somit rechtfertigt und ihm ermöglicht, sich diese vollends zu Nutzen zu machen. Somit betrachtet er den Menschen vielmehr als Teil der Natur. Diese Ansicht hat selbstredend ein interaktives Abhängigkeitsverhältnis zwischen Mensch und Natur zur Folge und fördert somit gleichsam einen verantwortungsbewussteren Umgang des Menschen mit der Natur.[14]

Um dies bewerkstelligen zu können, muss man sich jedoch darüber klar werden, dass die Ursprünge der ökologischen Krise kultureller Natur sind und "Fragen nach den Möglichkeiten ihrer Überwindung somit nicht nur Gegenstand naturwissenschaftlicher, sondern auch sozial- und text- bzw. literatur- und kulturwissenschaftlicher Forschung sein müssen."[15]

"Ökokritische literaturwissenschaftliche Arbeit [muss; d.A] demnach die in Texten artikulierten Realitätsentwürfe, Naturbegriffe und Konzeptualisierungen des Verhältnisses von Mensch und Natur auf ihren Einfluss auf die Qualität der Interaktion Mensch-Natur im Hinblick auf das Prinzip der Nachhaltigkeit untersuchen."[16]

Unter diesen Prämissen ist die vorliegende Studie dem Bereich des *Ecocriticism* zuzuordnen. Wie bereits erwähnt, beschränkte sich der Forschungsbereich des *Ecocriticism* in seinen Gründungsjahren auf Werke, welche den Genres der *Romantic Poetry,* des *Wilderness Narrative* und dem des *Nature Writing* zuzuordnen sind.

Erst in den letzten Jahren wurde dieser Fokus erweitert. Allerdings bleibt zu erwähnen, dass es wenige ökokritische Unternehmungen gibt, die sich ausnahmslos mit der Literatur des zweiten Drittels des 20. Jahrhunderts befassen, was unter anderem daran liegt, dass Unweltfragen in der breiteren Bevölkerung nicht zuletzt aufgrund des Krieges vernachlässigt wurden und bis zur Veröffentlichung von Rachel Carson's *Silent Spring* im Jahre 1962 eine gewisse Stagnation auf diesem Feld herrschte.

Hierbei darf allerdings nicht vergessen werden, dass auch in dieser Zeit einige Werke publiziert wurden, welche sich mit tiefergehenden ökologischen Themen auseinandersetzen.[17]

---

[14] Vgl.: Mayer, „Naturethik und Neuengland Regionalliteratur" 9.
[15] Mayer, „Naturethik und Neuengland Regionalliteratur" 9.
[16] Mayer, „Naturethik und Neuengland Regionalliteratur" 10.
[17] Vgl. etwa: Aldo Leopold, *A Sand County Almanac and Sketches Here and There* (New York: Oxford University, 1949)

Bei John Steinbecks *The Log From the Sea of Cortez,* welches erstmals 1941 publiziert wurde, handelt es sich ebenfalls um ein solches Werk. Die Tatsache, dass es lange vom Forschungsbereich des *Ecocriticism* vernachlässigt wurde, ist nicht zuletzt auch den *Steinbeck Studies* zuzuschreiben, welche sich bisher meist mit anderen Facetten von *The Log From the Sea of Cortez,* die im Folgenden angesprochen werden, auseinandersetzten.

1.3 Forschungsstand

The Log From the Sea of Cortez wird gemeinhin als John Steinbecks wichtigstes nicht-fiktionales Werk angesehen und annerkannt. Darüber hinaus vermag es das Werk, Steinbecks Sicht der Welt und seine Lebensphilosophie darzustellen:[18]

> Though the observing, collecting and recording of marine life was the main reason for the trip and elevated it to the level of a scientific expedition, the lager purpose, which inspired the narrative form of the book, was "to see everything our eyes would accommodate, to think what we could, and out of our seeing and thinking, to build some kind of structure in modeled imitation of observed reality."[19]

Allerdings hat besonders die Freundschaft und Beziehung zwischen John Steinbeck und Ed Ricketts die Forschung rund um *The Log From the Sea of Cortez* in den vergangenen Dekaden dominiert. Einen besonders wichtigen Standpunkt haben seit jeher die Fragen eingenommen, ob Steinbeck wirklich der alleinige Verfasser des Logbuches ist und inwieweit er sich von Ricketts Weltanschauung in seiner eigenen beeinflussen hat lassen.

---

[18]   Vgl: Astro, „Introduction Sea of Cortez" vii.
[19]   Richard F. Peterson, „Steinbeck's The Log From the Sea of Cortez (1951)," *A Study Guide to Steinbeck: (Part II)*, ed. Tetsumaro Hayashi (Metuchen: Scarecrow, 1979) 87. Künftig zitert als: Peterson, „Steinbeck's The Log From the Sea of Cortez (1951)".

Richard Astro hatte bereits 1973 beweisen können, dass Steinbeck während der Expedition der *Western Flyer* kein eigenes Journal geführt hat, sondern dass die in *The Log From the Sea of Cortez* zu findenden Ausführungen auf den von Ed Ricketts geführten Aufzeichnungen beruhen.[20] Besonders jene bezüglich des nicht-teleologischen Denkens in Kapitel 14 sind immer wieder in den Fokus der Forschung gerückt:

> Ironically, the chapter was "lifted verbatim," not from Ricketts' journal of the expedition, but from essays written by Ricketts as early as 1939. Thus, the Easter Sunday chapter and other philosophical sections of the <u>Log</u> contain "many of Ricketts' beliefs about life (some of which Steinbeck shared, others he rejected)," while the book itself "is a sincere statement of Steinbecks affection for his greatest friend."[21]

Folglich haben nicht nur die Freundschaft und die Beziehung von John Steinbeck und Ed Ricketts Einzug in die Steinbeck-Forschung erhalten, sondern auch die Frage danach, inwieweit Ricketts und dessen Gedanken, Weltanschauung und Philosophie Steinbeck und sein Werk beeinflusst und nachhaltig geprägt haben. In diesem Falle konnte Peterson belegen, dass die Ausführungen bezüglich des nicht-teleologischen Denkens in Kapitel 14, dem Ostersonntagskapitel von *The Log From the Sea of Cortez*, auf Ricketts früheren Aufzeichnungen beruhen.

Ebenfalls partiell auf diese Freundschaft und Ricketts Einfluss zurückzuführen ist der biologische respektive ökologische Aspekt, welcher erst in den vergangenen Jahren Einzug in die Steinbeck-Forschung erhalten hat. Diese ökologischen Aspekte in *The Log From the Sea of Cortez* wurden in der bisherigen Steinbeck-Forschung weitgehend vernachlässigt, da sie hinter den oben angeführten Fragen nach der Beziehung zwischen Steinbeck und Ricketts sowie jenen nach der Urheberschaft des Werkes zurückstehen mussten. Das erste und beinahe einzige Werk, welches sich mit ökologischen Aspekten in John Steinbecks Literatur und folglich auch mit jenen in *The Log From the Sea of Cortez* auseinandersetzt, erschien mit Susan F. Beegel's, Susan Shillinglaw's und Wesley N. Tiffney's Sammelband *Steinbeck and the Environment: Interdisciplinary Approaches*[22] im Jahre 1997, also einige Jahre nach der Institutionalisierung des Forschungsbereichs des *Ecocriticism*. Dieser Sammelband schafft es zumindest aufzuzeigen, dass ökologische Aspekte in John Steinbecks Literatur zu finden sind. Diese Tatsache lässt es wiederum zu, Schlüsse auf Steinbecks Mensch-Natur- und Umweltverständnis zu ziehen.

---

[20] Vgl.: Richard Astro, *John Steinbeck and Edward F. Ricketts: The Shaping of a Novelist* (Minneapolis: University of Minnesota Press, 1973, p.13.

[21] Peterson, „Steinbeck's The Log From the Sea of Cortez (1951)" 91.

[22] Susan F. Beegel/Susan Shillinglaw/Wesley N. Tiffney (ed.), *Steinbeck and the Environment: Interdisciplinary Approaches* (Tuscaloosa: University of Alabama, 1997).

Allerdings lässt auch dieser eine tiefergehende ökokritische Auseinandersetzung mit *The Log From the Sea of Cortez* missen. Dies darf im Umkehrschluss jedoch nicht bedeuten, dass es sich hierbei um ein diesbezüglich wenig bedeutsames Werk handelt. Immerhin wurde in dem Sammelband *Steinbeck and the Environment: Interdisciplinary Approaches* zum ersten Mal der Versuch unternommen, das Werk John Steinbecks unter ökokritischen Gesichtspunkten zu durchleuchten. In dieser Tatsache liegt begründet, dass der Hauptteil dieser Studie Aussagen aus Aufsätzen aus dem Sammelband *Steinbeck and the Environment: Interdisciplinary Approaches* aufgreift und bisweilen auf ihnen aufbaut.

1.4 Zur Literaturauswahl

Der vorliegenden Studie liegt ein Katalog an ausgewählter Sekundärliteratur zu Grunde, welcher dazu beitragen soll, ihre Gesamtaussagekraft zu inspirieren, zu untermauern und an den gegebenen Stellen zu belegen. Bei der Auswahl der zu verwendenden Sekundärliteratur kamen mehrere Faktoren zum Tragen. Die Aktualität der ausgewählten Werke und deren Deckung mit dem Forschungsstand standen hierbei neben der Relevanz für die vorliegende Studie gesondert im Vordergrund.

Die Auswahl der Literatur für die Punkte der Studie, welche sich mit der US-amerikanischen Umweltbewegung, ihren Grundlagen, ihrer Entwicklung und ihrem gegenwärtigen Erscheinen befassen, stellte aufgrund der Vielzahl an Werken, welche sich mit dieser Thematik auseinandersetzen, eine mehr als große Herausforderung dar.

Jene Gliederungspunkte, die sich mit den Grundzügen der amerikanischen Umweltgeschichte sowie mit der Entstehung der amerikanischen Umweltbewegung befassen, werden ihre Belege hauptsächlich aus dem bereits zitierten Werk Silvia Mayers', *Naturethik und Neuengland-Regionalliteratur: Harriet Beecher Stowe, Rose Terry Cooke, Sarah Orne Jewett, Mary E. Wilkins Freeman,*[23] aus dem Jahre 2004 sowie John Opies *Nature's Nation: An Environmental History of the United States*[24] aus dem Jahre 1998 und deren beider Verarbeitung in weiterer ausgewählter Sekundärliteratur beziehen. Diese Auswahl wurde hauptsächlich aufgrund der folgenden Kriterien getroffen.

---

[23] Die vollständigen bibliographischen Angaben finden sich in Fußnote Nr. 6.
[24] John Opie, *Nature's Nation: An Environmental History of the United States* (Fort Worth: Harcourt Brace, 1998). Künftig zitiert als: Opie, „Nature's Nation".

So genieß John Opie's Werk eine ungemein hohe Reputation, deckt sich nach wie vor mit dem gegenwärtigen Forschungsstand und darf daher in einer Studie, welche sich mit dieser Thematik befasst, keinesfalls unerwähnt bleiben.[25] Die Wahl von Sylvia Mayers Werk liegt nicht zuletzt in der Aktualität begründet. Darüber hinaus zeichnet es sich besonders durch die Relevanz für die vorliegende Studie aus, da sie beide im selben thematischen Bereich angesiedelt sind und sich daher einige Parallelen in den einleitenden Gliederungspunkten ergeben, was Sylvia Mayers Werk als eine überaus sinnvolle Grundlage für ebendiese Punkte erscheinen liess. Auch Robert C. Paehlkes *Environmentalism and the Future of Progressive Politics*[26] aus dem Jahr 1989 findet hierbei vermehrt Verwendung, da eben dieses es vermag, einen übersichtlichen Gesamtüberblick über die Thematik zu geben.

Dem anschließenden Unterpunkt über die moderne amerikanische Umweltbewegung wird David Pepper's *The Roots of Modern Environmentalism*[27] als Hauptbeleg dienen. Nicht zuletzt da diesem Werk attestiert werden kann, dass es ohnehin als Basiswerk für die meisten nachfolgenden Werke, welche sich mit dieser Thematik befassen, herangezogen wurde. Im Rahmen dieser Thematik erscheint, wie bereits erwähnt, außerdem eine Auseinandersetzung mit Rachel Carson's *Silent Spring*[28] als unabdingbar, da mit dessen Publikation die Geburtsstunde der modernen Umweltbewegung markiert wird.

Jener Absatz, welcher sich im weiteren Verlauf der Studie mit der Entstehung einer globalen Umweltpolitik befassen soll, wird seine Grundlagen aus Lorraine Elliott's 1998 erschienenem *The Global Politics of the Environment*[29] beziehen, da dieses Werk ebendiese Entwicklung der globalen Umweltpolitik lückenlos darlegt. Darüber hinaus wurde sich an dieser Stelle dazu entschieden, ergänzend Informationen aus erster Hand einfließen zu lassen.

---

[25]   Vgl.: Peter Coates, „Review Essay: Nature's Nation: An Environmental History of the United States," *Environmental History* 4. 1 (1999): 100-103.

[26]   Robert C Paehlke, *Environmentalism and the Future of Progressive Politics* (New Haven: Yale University, 1989). Künftig zitiert als: Paehlke, „Environmentalism and the Future of Progressive Politics".

[27]   David Pepper, *The Roots of Modern Environmentalism* (London: Croom Helm, 1984). Künftig zitiert als: Pepper, „The Roots of Modern Environmentalism"

[28]   Die vollständigen bibliographischen Angaben finden sich in Fußnote Nr. 5.

[29]   Lorraine Elliott, *The Global Politics of the Environment* (Houndsmills: Palgrave McMillan, 2004). Künftig zitiert als: Elliott, „The Global Politics of the Environment".

So werden sich hier neben offiziellen Zahlen der UN[30] auch Informationen aus Maurice Strongs Aufsatz *Global Sustainable Development*[31], welcher 2003 in dem von Steven Vertovec und Darrel Posey herausgegebenen Sammelband *Globalization, Globalism, Environments, and Environmentalism: Counciousness of Connection* veröffentlicht wurde, finden.[32]

Der diesen Gliederungspunkt abschließende Absatz über die ideologischen Grundlagen der gegenwärtigen Umweltbewegung basiert hauptsächlich auf dem 1997 in dem Sammelband *Steinbeck and the Environment: Interdisciplinary Approaches* erschienenem Aufsatz von Clifford Eric Gladstein und Mimi Reisel Gladstein, *Revisiting the Sea of cortez with a "Green" Perspecitve*[33], der bereits einleitend zitiert wurde.

Die hierin enthaltenen Informationen hätten auch in einigen anderen Werken gefunden werden können.[34] Allerdings erscheint es bereits an dieser Stelle sinnvoll zu versuchen, eine der Gesamtkomposition entsprechende Verbindung mit John Steinbecks *The Log From the Sea of Cortez* und Aussagen der gegenwärtigen Steinbeck-Forschung herzustellen.

Die folgenden Absätze, welche sich mit dem Genre des *Nature Writing* befassen, beruhen primär auf Peter A. Fritzell's 1990 erschienenem Werk *Nature Writing and America: Essays upon a Cultural Type*[35]. In diesem wurde erstmals der Versuch unternommen, das Genre einer Definition, einer Einordnung sowie einer Herausarbeitung seiner Charakteristika zu unterziehen, was vielen weiteren Auseinandersetzungen mit der Thematik als Grundlage diente.[36] Der Absatz wird darüber hinaus selbstredend durch weitere ausgewählte Sekundärliteratur unterstützt werden.

---

[30]   *Earth Summit: UN Conference on Environment and Development (1992)*, 1997, 05.02.2009
       <http://www.un.org/geninfo/bp/enviro.html>
[31]   Maurice Strong, „Global Sustainable Development", *Globalization, Globalism, Environments, and Environmentalism: Counciousness of Connection*, ed. Steven Vertovec/Darrell Posey (Oxford: Oxford University Press, 2003) Künftig zitiert als: Strong, „Global Sustainable Development".
[32]   Maurice Strong war der Generalsekretär des 1992 stattgefundenen *Earth Summit* und kann somit wohl besser als manch anderer Auskünfte über die damaligen Vorgänge geben.
[33]   Clifford Eric Gladstein/Mimi Reisel Gladstein, „Revisiting the Sea of Cortez with a „Green" Perspective,"*Steinbeck and the Environment: Interdisciplinary Approaches,* ed. Susan F. Beegel/Susan Shillinglaw/Wesley N. Tiffney, Jr. (Tuscaloosa: University of Alabama, 1997) 161-175.
[34]   Vgl. etwa: Bron Raymond Taylor, *Ecological Resistance Movements: The Global Emergence of Radical and Popular Environmentalism* (Albany: State University of New York, 1995). Vgl. auch: Gottlieb, „Forcing the Spring."
[35]   Peter A. Fritzell, *Nature Writing and America: Essays upon a Cultural Type* (Ames: Iowa State University, 1990). Künftig zitiert als: Fritzell, „Nature Writing and America: Essays upon a Cultural Type".
[36]   Vgl. etwa: Don Scheese, *Nature Writing: The Pastoral Impulse on America* (New York: Routledge, 2002) Vgl. auch: Lawrence Buell, *The Environmental Imagination: Thoreau, Nature Writing and the Formation of American Culture* (Cambridge: Belknap Press of Harvard University, 1995)

Stark am Primärwerk orientieren werden sich hingegen die daran anschließenden Ausführungen, welche die Beantwortung der Genrefrage von John Steinbecks *The Log From the Sea of Cortez* bieten sollen. Darüber hinaus werden unter anderem Richard Astro's Einleitung zu John Steinbecks *The Log from the Sea of Cortez*[37], Betty L. Perez' Aufsatz *The Form of the Narrative Section of Sea of Cortez: A Specimen Collected from Reality* aus einer Ausgabe des *Steinbeck Quarterly*[38] sowie Richard F. Peterson's Aufsatz *Steinbecks The Log From the Sea of Cortez (1951)*[39] aus Tetsumaro Hayashi's 1979 erschienenem Werk *A Study Guide to Steinbeck (Part II)* ergänzend zu Rate gezogen.

Die anschließenden Punkte, die sich mit der Zusammenfassung des Expeditionsverlaufes der *Western Flyer*, den ökologischen Aspekten sowie die dem ökologischen Gesamtkanon widersprechenden Aussagen in John Steinbecks *The Log From the Sea of Cortez* befassen sollen, werden sich ebenso wie der vorausgegangene Gliederungspunkt stark am Primärtext orientieren.[40] Dies liegt vor allem in der Tatsache begründet, dass es bisher neben einigen Aufsätzen in dem 1997 erschienenen Sammelband *Steinbeck and the Environment: Interdisciplinary Approaches,* welcher von Susan F. Beegel, Susan Shillinglaw und Wesley N. Tiffney Jr. herausgegeben wurde, nur wenig Sekundärliteratur gibt, die sich diesem neuen Aspekt der *Steinbeck Studies* widmet. Besonders der bereits erwähnte, in diesem Sammelband veröffentlichte Aufsatz *Revisiting the Sea of Cortez with a "Green" Perspecitve* von Clifford Eric Gladstein und Mimi Reisel Gladstein soll jedoch die in diesem Gliederungspunkt herauszuarbeitenden Erkenntnisse unterstützen.

Ebenso verhält es sich in dem abschließenden Absatz, welcher die bis zu diesem Zeitpunkt erarbeiteten Ergebnisse zusammenführen soll.

---

[37] Richard Astro, „Introduction" *The Log From the Sea of Cortez*, John Steinbeck (New York: Penguin Books, 1995) vii-xxiii.

[38] Betty L. Perez, „The Form of the Narrative Section of *Sea of Cortez*: A Specimen Collected from Reality,"*Steinbeck Quarterly 9. Spring (1976)*: 36-45. Künftig zitiert als: Perez, „The Form of the Narrative Section of *Sea of Cortez*: A Specimen Collected from Reality".

[39] Die vollständigen bibliographischen Angaben finden sich in Fußnote Nr. 15.

[40] Die vollständigen bibliographischen Angaben finden sich in Fußnote Nr. 3.

1.5 Zielsetzung der Studie

Zur Zielsetzung der vorliegenden Studie bedarf es einiger Ausführungen. In den ersten Punkten sollen die Grundlagen für die spätere Diskussion herausgearbeitet werden. Erläuterungen bezüglich der amerikanischen Umweltgeschichte, der Ensstehung der US-Amerikanischen Umweltbewegung und der modernen amerikanischen Umweltbewegung sowie des Weges zu einer globalen Umweltbewegung, werden in diesem Rahmen dazu beitragen und es in der Folge ermöglichen, fundierte Aussagen über die Grundlagen und die zugrunde liegende Ideologie der gegenwärtigen US-amerikanischen Umweltbewegung tätigen zu können.

Die anschließenden Erörterungen über das Genre des *Nature Writing*, bestehend aus einer allgemeinen Definition, einer Auseinandersetzung mit dessen Grundlagen und Charakteristika sowie einer Einordnung in das Feld der Literaturwissenschaften, sollen im weiteren Verlauf den Rahmen für die anschliessende Auseinandersetzung mit der Genrefrage von John Steinbecks *The Log From the Sea of Cortez* liefern.

Ein Ziel der vorliegenden Studie wird es folglich sein, herauszuarbeiten, ob John Steinbecks *The Log From the Sea of Cortez* ebendiesem Genre des *Nature Writing* zu-geschrieben werden kann, beziehungsweise welchem literarischen Genre es, falls dies nicht der Fall sein sollte, eher entspricht.

In der Folge sollen lückenlos all jene Aspekte in *The Log from the Sea of Cortez* erarbeitet und aufgeführt werden, welche Rückschlüsse auf einen ökologischen Standpunkt zulassen.

Auch jene Aspekte, welche diesen ökologischen widersprüchlich gegenüberstehen, sollen und müssen in diesem Rahmen Erwähnung finden, um es in der Folge zu ermöglichen, ein aussagekräftiges Gesamtbild zeichnen zu können.

In einer abschließenden Synthese sollen die Ergebnisse aus den vorangegangenen Gliederungspunkten vergleichend zusammengeführt werden.

Erklärtes und primäres Ziel der vorliegenden Studie ist es somit, eine Antwort auf die Frage zu erarbeiten, inwieweit Steinbecks ökologische Ansichten, Befürchtungen und Propezeihungen in der heutigen ökologischen Lage Realität geworden, und inwiefern seine Ansichten und Thesen auch in der gegenwärtigen amerikanischen Umweltbewegung zum Thema geworden sind und Einzug in deren ideologischen Katalog erhalten haben.

Folglich soll auch eine Aussage über den Wert von Steinbecks Äußerungen und Ansichten in *The Log From the Sea of Cortez* bezüglich ihrer Weitsicht und Bedeutung für die Nachwelt ermöglicht werden. Am Schluß der Studie soll somit die eingangs aufgestellte These, dass John Steinbecks *The Log From the Sea of Cortez* Aussagen, Ansichten und Befürchtungen beinhaltet, welche sich in dem ideologischen Katalog der gegenwärtigen amerikanischen Umweltbewegung und der Agenda der gegenwärtigen Umweltpolitik niedergeschlagen und in der ökologischen Realität bewahrheitet haben, auf ihre Richtigkeit und Aussagekraft hin überprüft werden. Hiermit soll diese Lücke in den Steinbeck Studien geschlossen werden.

2. Die US-amerikanische Umweltbewegung

Befasst man sich eingehend mit der US-amerikanischen Umweltbewegung, ist es unabdingbar, sich mit ihrer Geschichte, ihren Wurzeln und ihrer Entwicklung auseinanderzusetzen. Da die Geburtsstunde der modernen amerikanischen Umwelt-bewegung gemeinhin mit der Publikation von Rachel Carson's *Silent Spring* im Jahre 1962 markiert wird, soll dieses Ereignis auch den folgenden Ausführungen als Anhaltspunkt dienen.[41] In einem Teil werden daher die Entwicklungen des 19. und 20. Jahrhunderts bis hin zur Veröffentlichung von *Silent Spring* bearbeitet, in einem weiteren jene nach 1962, also die der modernen Umweltbewegung dargelegt. Gesondert werden im weiteren Verlauf die für die Studie relevanten ideologischen Grundlagen der gegenwärtigen amerikanischen Umweltbewegung angesprochen. Darüber hinaus wird sich der folgende Teil der vorliegenden Studie einleitend auch mit der nationalen Umweltgeschichte auseinander-setzen, da diese als Teil und Voraussetzung, sowie als ständige Größe im Bereich der Umweltbewegung anzusehen ist.

2.1 Grundzüge der US-amerikanischen Umweltgeschichte

Man muss sich eingehend darüber klar werden, dass die US-amerikanische Umweltgeschichte nur wenig mit der europäischer Länder gemein hat, ebenso wie die allgemeine Geschichte der Vereinigten Staaten von Amerika kaum mit der anderer Länder zu vergleichen ist. Dies liegt in erster Linie daran, dass sich die ersten Generationen von Amerikanern nach der Kolonialisierung Nordamerikas einer ebenso großen wie rohstoffreichen Landmasse gegenüber sahen, welche nahezu unbegrenzte Möglichkeiten zu bieten versprach. In dieser Tatsache liegt auch der rapide Aufstieg der Vereinigten Staaten begründet, da man ohne Einschränkungen bereit war, sich die vorhandenen Ressourcen zu Nutze zu machen. Was in jenen Gebieten an der Ostküste, welche als erstes besiedelt worden waren, schon weitaus früher begonnen hatte, sollte mit der Industrialisierung im 19. Jahrhundert das Erscheinungsbild der gesamten Vereinigten Staaten zu beeinflussen beginnen.[42]

---

[41]   Vgl.: Garrard, „Ecocriticism" 1.
[42]   Vgl.: Mayer, „Naturethik und Neuengland-Regionalliteratur" 39.

Vergleichbar mit der industriellen Revolution in Europa, sollten auch in den USA tiefgreifende ökonomische, technologische, soziale und kulurelle Veränderungen mit der Industrialisierung einhergehen, die allesamt nicht ohne ökologische Auswirkungen bleiben konnten. Besonders die Erschließung des Westens, die damit einhergehenden infrastrukturellen Veränderungen und die marktorientierte landwirtschaftliche Kultivierung weitreichender Flächen hatten schwerwiegende Auswirkungen auf die vorhandenen Ökosysteme:[43]

> The environmental history of the American West is above all a history of the conquest, control, and transformation of a large and complex space that is 2,000 miles across and 1,500 miles wide. Americans deliberately ignored Spanish, Indian and even Mormon alternatives for settlement in difficult environments. The West was simply seen as a storehouse of valuable raw materials, not as the homelands of native tribes and not as self-sustaining natural ecosystems.[44]

Folglich wurden im 19. Jahrhundert bewusst bestehende Ökosysteme zerstört, um sich die verschiedenen Regionen des Landes zu Nutze zu machen, sei es als Lebensraum für die stetig wachsende Bevölkerung, als agrarwirtschafliche Nutzflächen oder für den Ausbau der infrastrukurellen Verkehrswege, die immer mehr an Bedeutung zu gewinnen begannen. Insbesondere in der zweiten Hälfte des 19. Jahrhunderts kam ein weiterer weitreichender Aspekt hinzu. Aufgrund des Umstandes, dass sich die USA in dieser Zeit mehr und mehr zu einer auf Massenproduktion und Massenkonsumption basierenden Gesellschaft entwickelten, stieg der Grundbedarf an Rohstoffen jeglicher Art und immer besseren Verkehrswegen, also an einer optimierten Infrastruktur, explosionsartig an. Neben der Entwicklung hin zu einer Konsumgesellschaft hatte die immer weiter voranschreitende Urbanisierung ebenfalls gravierende Folgen für die ökologischen Strukturen der gesamten USA.[45]

Aufgrund der Tatsache, dass die beschriebenen Veränderungen den Lebensstandard innerhalb der USA ungemein erhöhten, einen Schutz vor den Gewalten der Natur zu bieten vermochten und es darüber hinaus ermöglichten, sich die verschiedenen natürlichen Ressourcen zu Nutze zu machen, konnten oder wollten nur wenige die negativen Seiten des Fortschritts sehen. Die ersten, die dies taten, waren die Vertreter des sich in diesem Zeitraum entwickelnden *conservation movement*:

---

[43]   Vgl.: Mayer, „Naturethik und Neuengland-Regionalliteratur" 39.
[44]   Opie, „Nature's Nation" 155.
[45]   Vgl.: „Mayer, Naturethik und Neuengland-Regionalliteratur" 39f.

Diese sahen vor allem das Problem der irreversiblen Veränderung von Ökosystemen, das zu volkswirtschaftlich bedenklicher Ressourcenknappheit führen konnte, sowie das Problem der Umweltverschmutzung, das in den rapide wachsenden städtischen Industriezentren auftrat.[46]

Die möglichen negativen Auswirkungen des Menschen auf bestehende Ökosysteme waren somit erkannt worden und wurden zum ersten Mal durch Anhänger des *conservation movement* formuliert.

2.2 *American Environmental Movement*: Die Entstehung einer Amerikanischen Umweltbewegung

Die Grundlagen der amerikanischen Umweltbewegung, des *American Envrionmental Movement*, sind in dem sich in der Mitte des 19. Jahrhundert entwickelnden *conservation movement* zu finden. Hierbei muss allerdings festgehalten werden, dass die meisten Anhänger dieser Bewegung einen wirklich ökologisch verantwortungsbewussten Ansatz vermissen ließen. In erster Linie ging es den frühen Vertretern des *conservation movement* nicht um Naturschutz, sondern vielmehr darum, die zur Verfügung stehenden Ressourcen bestmöglich zu nutzen, um möglichst lange von ihnen profitieren zu können:

> The early conservation movement was largely anthropocentric in character and chiefly concerned with the efficient use of natural resources, particularly renewable resources. Most of its supporters did not achieve what might be identified as an ecological perspective. They were concerned less with the preservation of nature and wilderness than with scientific management practices; they wished to avoid wasting resources, but above all they emphasized maximum, long term yields. The natural world and its products were there to be used. [...] The question of whether it was appropriate to view the natural world as merely a collection of resources to be used was rarely asked. Forests were there to be cut and replanted; rivers should be dammed to yield power and to prevent the waste associated with flooding. The measures taken were important, but more fundamental questions about industry itself and its products-including pollution-were rarely raised by conservationalists.[47]

[46]   Mayer, „Naturethik und Neuengland-Regionalliteratur" 40.
[47]   Paehlke, „Environmentalism and the Future of Progressive Politics" 14f.

Obwohl es folglich in erster Linie darum ging, die Versorgung mit Rohstoffen auf lange Sicht sicherzustellen, muss man dem frühen *conservation movement* dennoch attestieren, dass es einen großen Teil zur Entwicklung eines Problembewusstseins bezüglich des Umgangs mit der Natur beigetragen hat und somit durchaus als ein grundlegender Teil der sich entwickelnden Umweltbewegung angesehen werden kann.[48]

Darüber hinaus bleibt festzuhalten, dass es mit John Muir, George Perkins Marsh und Aldo Leopold Anhänger des *conservation movement* gab, die über den anthropo-zentrischen Ansatz hinaus argumentierten und ihm somit einen weiterreichenderen öko-logischen Aspekt verliehen.[49]

Desweiteren sehen Umwelthistoriker in den *preservationalists* eine sich in etwa zeitgleich entwickelnde zweite Strömung, deren Ziel vielmehr die Bewahrung unberührter Natur, der *wilderness* war.[50] Erste Erfolge konnten *preservationalists, conservationalists* sowie die Vielzahl der im letzten Drittel des 19. Jahrhunderts gegründeten privaten Naturschutz-organisationen mit der Errichtung der ersten beiden Nationalparks der Vereinigten Staaten in Wyoming und Kalifornien, dem *Yellowstone National Park* 1872 und dem *Yosemite National Park* 1890, verbuchen. Hierin ist auch der Beginn der Institutionalisierung umweltpolitischer Aktivitäten zu finden, welche in der Zeit der *Progressive Era* zwischen 1890 und 1920 zur Errichtung einer Vielzahl von Naturschutzgebieten und weiteren Nationalparks führte.[51]

Als ein weiterer Teil der frühen Umweltschutzbewegungen begriffen werden muss das etwa zeitgleich mit den *conservation* und *preservation movements* entstehende *humane movement*. Bei seinen Anhängern handelte es sich um Menschen, die hauptsächlich "naturwissenschaftlich gestützte Aktivitäten" durchsetzten, "die sich beispielsweise mit der Lösung von Problemen der Trinkwasser- und Luftverschmutzung oder auch mit bedrohlichen Hygienebedingungen am Arbeitsplatz und in Wohnbezirken befassten."[52]

Die Hochzeiten dieser Bewegungen werden allesamt in der Zeit zwischen dem Bürgerkrieg und dem ersten Weltkrieg markiert, was allerdings nicht bedeutet, dass sie im Verlaufe der Geschichte bis zum heutigen Tage hin an Einfluss verloren oder gar aufgehört hätten zu existieren:

---

[48]   Vgl.: Mayer, „Naturethik und Neuengland-Regionalliteratur" 50. Vgl. auch: Robert L. Dorman, *A Word for Nature: Four Pioneering Environmental Advocates. 1845-1913.* (Chapel Hill: Unversity of North Carolina, 1988) xii. Künftig zitiert als: Dorman, „A Word for Nature".

[49]   Paehlke, „Environmentalism and the Future of Progressive Politics" 15.

[50]   Vgl.:Dorman, „A Word for Nature" xiii. Vgl. auch: Mayer, „Naturethik und Neuengland-Regionalliteratur" 51.

[51]   Vgl.:Dorman, „A Word for Nature" 121-130. Vgl. auch: Mayer, "Naturethik und Neuengland-Regionalliteratur" 51f.

[52]   Vgl.: Mayer, „Naturethik und Neuengland-Regionalliteratur" 53.

In 1955 there remained at least 78 national and 256 state-based conservation organisations in the United States. Membership in many U.S. Conservation organisations totals millions; some individual organizations count their members in the hundreds of thousands. [...] Though there is a long history, conservation organizations today remain strong both in membership numbers and, particularly in the United States, in their ability to raise money. The conservation movement is both a historical antecendent and a contemporary companion of the environmental movement. Organisationally environmentalism has neither supplanted nor superseded conversationalism.[53]

Insgesamt lässt sich feststellen, dass in der Zeit vor, während und nach dem zweiten Weltkrieg eine gewisse Stagnation im Feld der Umweltbewegung zu konstatieren ist. Diese Stagnation lässt sich in erster Linie darauf zurückführen, dass der Krieg beinahe alle anderen Bedenken in den Hintergrund rückte. Erst mit der Veröffentlichung von Rachel Carson's *Silent Spring* im Jahre 1962, rückten ökologische Probleme wieder ins öffentliche Bewusstsein.

2.3 Die Moderne Amerikanische Umweltbewegung

Wie bereits erwähnt, wird mit der Publikation von Rachel Carson's *Silent Spring* im Jahre 1962 die Geburtsstunde der modernen amerikanischen Umweltbewegung markiert. Mit ihr rückten ökologische Angelegenheiten 1962 wieder tief hinein ins öffentliche amerikanische Bewusstsein. Eröffnend mit den Worten "There was once a town in the heart of America where all life seemed to live in harmony with its surroundings,"[54] wird die ländliche Idylle in den folgenden Absätzen nach und nach zerstört, bevor die Fabel mit den Worten endet, "No witchcraft, no enemy action had silenced the rebirth of new life in this stricken world. The people had done it to themselves."[55] *A Fable for Tomorrow*, so der Titel der einleitenden dystopischen Parabel, sprach die Ängste und Bedenken der Menschen direkt an und machte sie auf die möglichen Folgen von Umweltverschmutzung durch den Einsatz von Pestiziden aufmerksam. Somit schürte *Silent Spring* das Verständnis und den Willen innerhalb weiter Teile der Bevölkerung, sich bewusster mit der Umwelt und ihren Problemen auseinanderzusetzen und gegebenenfalls für sie einzutreten. In den Jahren nach der Publikation von *Silent Spring* sprossen hunderte Organisationen aus dem Boden, welche der Umweltverschmutzung den Kampf ansagten.

---

[53]   Paehlke, „Environmentalism and the Future of Progressive Politics" 18f.
[54]   Carson, „Silent Spring" 1.
[55]   Carson, „Silent Spring" 3.

Darüber hinaus war es eines der grössten Errungenschaften der Publikation, dass sie es vermocht hatte, "a (scientific) problem in ecology into a widely perceived ecological problem that was then contested politically, legally and in the media and popular culture,"[56] umzuwandeln.

Hier zeigt sich auch einer der grössten Unterschiede zwischen der modernen Umweltbewegung in den Vereinigten Staaten und den bereits erwähnten früheren Strömungen. Der moderne amerikanische *environmentalism* war im Vergleich zu den *conservation*, *preservation* und *humane movements* des 19. und frühen 20. Jahrhunderts eine Massenbewegung, deren Bildung nicht zuletzt auf den Einfluss der Massenmedien zurückzuführen war:

> As suggested, what perhaps distinguished the environmentalist movement [...] from earlier movements was that the former was a mass movement [...]. Environmental concerns entered mass conciousness through the mass media, frequently at the prompting of mass demonstration of dissent over threats to the environment.[57]

So gab es insbesondere in den USA der 60er und 70er Jahre eine Vielzahl an Massendemonstrationen und Massenprotesten, denen stets auch ein ökologischer Aspekt zugrunde lag. Diese wandten sich zunächst dem Wettrüsten im Vorfeld des Kalten Krieges und der damit einhergehenden Bedrohung durch Atom- und Wasserstoffbomben zu:

> Over the past few years ecology and anti-bomb groups have been steadily coming together in recognition of this fact and in recognition, too, that the arms race symbolises, promotes and is promoted by a whole set of philosophies and socio-economic structures which are inimical to the achievement of of [sic] harmony between man and nature, and between men and men.[58]

Die Bürgerrechtsbewegungen der frühen 60er Jahre können in diesem Kontext ebenso Erwähnung finden. Immerhin hatten auch sie in gewissen Maße einen direkten Bezug zu Umweltproblemen, da sie nicht zuletzt auch "protests about the quality of the urban environment and the way of life of underprivileged groups" waren, und darüber hinaus die "blatant maldistribution of recourses between these groups and others in American society" kritisierten.[59]

---

[56]   Garrard, „Ecocriticism" 6.
[57]   Pepper, „The Roots of Modern Environmentalism" 15f..
[58]   Pepper, „The Roots of Modern Environmentalism" 16.
[59]   Pepper, „The Roots of Modern Environmentalism" 16.

Auch die kritischen Reaktionen auf den Vietnamkrieg und die daraus resultierenden Demonstrationen müssen in diesem Rahmen angesprochen werden. Obgleich in erster Linie Antikriegsdemonstrationen, wurden auch durch sie in einem gewissen Ausmaß Umweltprobleme formuliert, fokussiert und thematisiert. Zum einen richteten sich diese gegen den Einsatz von Napalm, welches im Vietnamkrieg im großen Maße als Ent-laubungsmittel verwendet wurde, und die mit diesem einhergehenden verheerenden direkten Auswirkungen auf die Umwelt. Zum anderen wurde innerhalb der Bevölkerung auch erkannt, dass das militärische Engagement der Vereinigten Staaten in Vietnam und anderen Ländern, vergleichbar mit den Irakkriegen der jüngeren Vergangenheit, nicht zuletzt in der Erschließung und Sicherung der dort vorfindbaren Bodenschätze begründet lag.[60]

Zeitgleich, also Ende der 60er Jahre, entstand das *hippie movement*, welches ebenfalls tieferliegende ökologische Apekte beinhaltete, und unter anderem "very clear philo-sophical links with the romantic and wilderness movements of the 19th and early-20th centuries"[61] besaß:

> Centralization, urbanisation and industrialization appeared as devourers rather than saviours of mankind...Given this general orientation, the counterculture inevitably discovered wilderness and identified it with something of value. [...] Certainly wilderness was diametrically opposed to the civilization that the counterculture had come to distrust and resent. Indeed, the American wilderness was a victim of that civilization, a casualty of 'progress', in the same sense as counter cultural values were.[62]

Über den gesamten Zeitraum hinweg, in welchem die angeführten Strömungen des *modern environmentalism* ihre Hochphase erlebten, nahm man nach und nach Abstand von einer zumeist rein nationalen Ansichtsweise, welche die früheren Umweltbewegungen vertreten hatten.

Diese wich zunächst einem internationalen, später dann einem globalen Standpunkt, was allerdings nicht den Rückschluss zulässt, lokale, regionale oder nationale Projekte hätten gleichsam an Bedeutung einbüßen müssen.

---

[60] Vgl.: Pepper, „The Roots of Modern Environmentalism" 16. Vgl auch: Gottlieb, „Forcing the Spring" 134ff..
[61] Pepper, „The Roots of Modern Environmentalism" 17.
[62] Pepper, „The Roots of Modern Environmentalism" 17.

Man hatte eingesehen, dass die Umwelt und ihr Schutz jeden betreffen und dass die Lösung mancher Probleme auf globaler Ebene angegangen werden muss und sie nur durch internationale Kooperation zu bewerkstelligen ist.

Eine internationale Zusammenarbeit, welche zunächst durch *non-governmental organisations*, sogenannten NGO's, wie etwa dem *Sierra Club* und der *National Audubon Society* forciert worden war, schlug sich in den 70er und 80er Jahren in einer neuen, globalen Umweltpolitik nieder.[63]

2.4. Auf dem Weg zu einer Globalen Umweltpolitik

Als Geburtsstunde der globalen Umweltpolitik wird gemeinhin die *United Nations Conference on the Human Environment (UNCHE)* in Stockholm im Jahr 1972 angesehen. Obgleich die 1200 Delegierten aus 114 Ländern bei dieser Gelegenheit nicht im Stande waren, sich auf bindende Richtlinien oder die Formulierung von Zielen und Vorgehensweisen zu einigen, konnte die *Stockholm Conference* durch die Institutionalisierung des *United Nations Environment Programme* dennoch ein Zeichen setzen und die UN zum Mittelpunkt der internationalen Umweltdiplomatie machen:[64]

> The major achievement of the Stockholm Conference was that it brought governments together to debate environmental issues and provided a basis for the slow development of international environmental law in the years to follow. Its success, then, was primarily political rather than environmental.[65]

Obwohl man eingesehen hatte, dass die Umweltprobleme gemeinsam angegangen werden müssen, und obwohl in der Folge viele internationale Umweltkonferenzen abgehalten wurden, gar einige Beschlüsse und Einigungen erzielt wurden, sind in den Jahren nach der *Stockholm Conference* keine tatsächlichen Fortschritte zu erkennen. So gab es zwar "a lot of activity but not much action."[66]

---

[63]   Vgl.: Paehlke, „Environmentalism and the Future of Progressive Politics" 154. Vgl. auch: Elliott, „The Global Politics of the Environment" 7f.

[64]   Vgl.: Elliott, „The Global Politics of the Environment" 10ff.

[65]   Elliott, „The Global Politics of the Environment" 14.

[66]   Elliott, „The Global Politics of the Environment" 14.

Erst die Umweltkatastrophen der 70ger und 80er Jahre, wie etwa die *Amoco Cadiz* Ölkatastrophe (1987), der Zwischenfall im Atomkraftwerk *Three Mile Island* (1979) oder *Tschernobyl* (1986), sollten bewirken, dass neben all dem Stückwerk, welches die nichtstaatlichen Organisationen und kleinere internationale Konferenzen beisteuerten, wieder zentral, global über die Umweltfrage konferiert werden würde.[67] 1992, also genau zwanzig Jahre nach der *Stockholm Conference,* fand in Rio de Janeiro die *United Nations Conference on Environment and Development (UNCED)*, auch bekannt als *Earth Summit,* statt.

Die *United Nations Conference on Environment and Development* wird generell als ein Meilenstein im Rahmen der institutionellen Umweltbestrebungen angesehen, bisweilen sogar als historisches Ereignis bezeichnet, da sich nie zuvor politische Führer in einer solch hohen Anzahl an einem Ort versammelt hatten, um über Umweltfragen zu diskutieren: "As an event itself, the Earth Summit was clearly remarkable, perhaps even historic. Never before had so many of the world's political leaders come together in one place, and the fact that they came to consider the urgent question of our planet's future put these issues under an enormous spotlight."[68] Besonders interessant ist in diesem Zusammenhang der Umstand, dass neben den 172 Regierungsvertretern aus aller Welt auch Vertreter von *non-governmental organisations* in hoher Zahl zugegen waren. So gestalteten mehr als 2400 Angehörige dieser nicht-staatlichen Organisatonen aus aller Welt den *Earth Summit* maßgeblich mit. Weitere 17.000 Personen nahmen an dem parallel stattfindenden NGO-Forum teil, darüber hinaus trugen mehr als 10.000 Journalisten vor Ort die Vorgänge im Rahmen des *Earth Summit* in die Welt.[69]

Die *United Nation Conference on Environment and Development* machte allerdings nicht nur durch ihre bloße Größe und Akzeptanz auf der ganzen Welt von sich reden. Auch konnten sich die Regierungsvertreter aus aller Welt erstmals bindend auf Richtlinien und Rahmenbedingungen einigen, unter welchen die bestehenden Umweltprobleme in Angriff genommen werden sollen:

---

[67]   Elliott, „The Global Politics of the Environment" 14f.
[68]   Strong, „Global Sustainable Development" 106.
[69]   Vgl.: *Earth Summit: UN Conference on Environment and Development (1992)*, 1997, 05.02.2009
        <http://www.un.org/geninfo/bp/enviro.html>

The Programme of Action (known as Agenda 21) that the Conference adopted presents a detailed blueprint of the measures required to effect the transition to sustainability. The Conventions of Climate Change and Biodiversity negotiated during the preparations for the Conference were opened for signature and provided the basic legal framework for international agreements on two of the most fundamental global environmental issues. [...] The fact that these were agreed by virtually all of the governments of the world, most of them represented at Rio by their head of government, gives them a unique degree of political authority.[70]

Die *United Conference on Environment and Development* stellt folglich, nicht zuletzt auch weil sie alle folgenden UN-Konferenzen beeinflusst hat, ein mehr als wichtiges Ereignis für die Entstehung einer globalen Umweltpolitik dar.[71]

2.5 Die Ideologischen Grundlagen der Gegenwärtigen Amerikanischen Umweltbewegung

Wie bereits erwähnt, sind die Grundlagen der modernen und der gegenwärtigen amerikanischen Umweltbewegung in den *conservation, preservation und humane movements* des 19. und 20. Jahrhunderts zu finden. Die gegenwärtige Umweltbewegung verbindet somit Gedanken der früheren Bewegungen mit neuen Erkenntnissen aus der Gegenwart und entwickelt daraus eine neue Gesamtideologie:

The sages of the present movement integrated the ideas of their predecessors with new knowledge from the postwar world of plastics, pesticides, and profligate consumption into a more comprehensive ideology, recognizing not only the challenge of preserving natural resources, but also the threat created by industrial society's exploding use of natural substances. In doing so, contemporary environ-mentalism moved forward from its fountainhead philosophies. The ethic of Pinchot and Powell focused on the productive value that could be sustained from conserving natural resources, while the ideology that is the mainstream of contemporary environmental movement stresses the interconnectedness of all things. Whereas Muir and his acolytes resolved to preserve patches of nature and set them apart to prevent abuse by people, contemporary ecology emphasises that humans are a part of nature, not apart from it.[72]

---

[70]   Maurice Strong, „Global Sustainable Development" 107.
[71]   Vgl.: *Earth Summit: UN Conference on Environment and Development (1992)*, 1997, 05.02.2009
         <http://www.un.org/geninfo/bp/enviro.html>
[72]   Gladstein/Gladstein, "Revisiting the Sea of Cortez with a "Green" Perspective" 162.

Folglich basiert die Ideologie der gegenwärtigen amerikanischen Umweltbewegung auf zwei Grundideen, einerseits auf dem Gedanken der Verbundenheit alles Seienden und auf der anderen Seite dem Standpunkt, dass der Mensch ein Teil der Natur ist und nicht als gesondert angesehen werden darf. Diese Standpunkte schlagen sich demnach in einem veränderten Mensch-Natur-Verhältnis nieder. Eine Bewegung innerhalb der gegenwärtigen Umweltbewegung, geht noch einen Schritt weiter und davon aus, dass eine Grenze zwischen Lebewesen und nicht-lebender Umwelt nur schwer zu ziehen ist. Sie vertritt somit eine holistische Weltanschauung, welche die Verbundenheit alles Seienden propagandiert: "Proponents of Gaia, [...] have observed, that the boundary line between life and the inanimate environment that most of us assume to be resolutely engraved cannot clearly be drawn. Just as matter and energy are radically different yet ultimately interchangeable phenomena, so too are the environment and living organisms ultimately functions of one another."[73] Die Gaia-Hypothese wurde Mitte der 60er Jahre entwickelt und hat seither viele Anhänger in der gegenwärtigen Umweltbewegung gefunden. In erster Linie besagt sie, dass die Erde ein lebender Organismus ist und vertritt somit ebendiese Verbundenheit alles Seienden.[74]

Aus dieser Ideologie ergeben sich darüber hinaus zwei der wichtigsten Schlagwörter, welche von der gegenwärtigen amerikanischen Umweltbewegung vertreten werden. So ergibt sich einerseits aus der ideologischen Grundlage der Verbundenheit alles Seienden und der damit einhergehenden globalen Verantwortung für alles, was auf der Welt geschieht, das Pardigma *Think globally*, auf der anderen Seite die individuelle Ver-antwortung jedes Einzelnen, durch umweltbewusstes Verhalten das ökologische Gleich-gewicht lokal zu erhalten, *Act locally*, was im Umkehrschluss wieder globale Wichtigkeit zu erlangen vermag.[75]

---

[73]   Gladstein/Gladstein, „Revisiting the Sea of Cortez with a „Green" Perspective" 165.
[74]   Einen vollständigen Überblick über die Thematik bietet unter anderem: James E. Lovelock, *„Das Gaia-Prinzip: Die Biographie Unseres Planten* (Zürich: Artemis&Winkler, 1991). James Lovelock war einer der Begründer der Gaia-Hypothese.
[75]   James C. Kelley, „John Steinbeck and Ed Ricketts: Understanding Life in the Great Tide Pool,"*Steinbeck and the Environment: Interdisciplinary Approaches,* ed. Susan F. Beegel/Susan Shillinglaw/Wesley N. Tiffney, Jr. (Tuscaloosa: University of Alabama, 1997) 38f. Künftig zitiert als: Kelley, " John Steinbeck and Ed Ricketts: Understanding Life in the Great Tide Pool".

3. Das Genre des *Nature Writing*

Das Genre des *Nature Writing* wird allgemeinhin nach John Elder definiert als "a form of the personal, reflective essay grounded in attentiveness to the natural world and an appreciation of science but also open to the spiritual meaning and intrinsic value of nature."[76] Wie dieser Definition und dem nachfolgenden Zitat bereits zu entnehmen ist, handelt es sich beim Genre des *Nature Writing* um eines, dessen Charakteristika im Bezug auf Form, Stil und Funktion im Vergleich zu anderen Genres nur schwer zu erfassen ist:

> [...] We and our immediate predecessors have begun to develop, almost willy-nilly, the rudiments of a historico-critical canon of sorts for Nature Writing – a set of loosely related but generally shared understandings of some of its places and functions in Western and, especially American history, and an even more loosely related (and far less developed) cluster of literary notes and studies concerned with its characteristic forms and styles.[77]

Dies liegt einerseits daran, dass das Genre des *Nature Writing* erst in der jüngeren Vergangenheit durch die Institutionalisierung des *Ecocriticism* in den allgemeinen Fokus geraten ist und darüber hinaus darin begründet, dass es sich viele Charakteristika mit anderen Genres teilt, welche im Folgenden genauer untersucht werden müssen.

3.1.1 Grundlagen des Genres des *Nature Writing*

Zu allererst lässt sich festhalten, dass dem Genre des *Nature Writing* eine neue Einstellung des Menschen gegenüber seiner Umwelt zu Grunde liegt, welche sich aus der Renaissance, der Aufklärung und der Romantik entwickelt hat. So war im ausgehenden 17. Jahrhundert ein neues Gefühl für die Natur, ein Gefühl für die Einigkeit und die Verbundenheit zwischen dem Menschen und allem Lebenden entstanden, welches als von früheren Genres und Entwicklungen differenziert betrachtet werden muss:

---

[76]   Karla Armbruster/Kathleen R. Wallace, „Introduction: Why Go Beyond Nature Writing, and Where To?"*Beyond Nature Writing: Expanding the Boundaries of Ecocriticism,* ed. Karla Armbruster/Kathleen R. Wallace (Charlottesville: UP of Virginia, 2001) 2. Vgl. auch: Mayer, „Naturethik und Neuengland-Regionalliteratur" 10.

[77]   Fritzell, „Nature Writing and America: Essays upon a Cultural Type". 37.

[...] The empathetic literary historian and critic [...] begins to discover an attitudal and conceptual common detominator that seems distinct to Nature Writing, a "new feeling for nature," a "sense of oneness" and "intimacy," in which Western man[...], sometime in the late seventeens century, begins to feel a bond "between himself and all creatures," an attitude utterly new to the Western world, a post-Renaissance and truly modern conception of a "life in nature," an ostensibly anti-Cartesian way of thinking, an idea and a motivation related to, but finally distinct from, both the classical pastoral impulse to "retreat" from civilization and the popular Romantic "desire to celebrate the soothing or inspirational effects of natural scenery" - an entirely new notion that nature is "one vast fellowship," a "sense of kinship" that cannot be said to derive simply from an interest in natural history.[78]

Dieses neue Gefühl der Einigkeit, Gleichheit und Verbundenheit alles Seienden war somit als strikt gegen den damals vorherrschenden hierarchischen Dualismus gerichtet zu sehen, welcher den Menschen einerseits über die Natur und andere Lebewesen stellte, ihm andererseits das Recht und die Macht verlieh, sich diese uneingeschränkt zu Nutze zu machen. Die Grundlage des *Nature Writing* als Genre lässt sich folglich in der Veränderung des Mensch-Natur-Verhältnisses finden. "Without that deep feeling – without both the sense and the idea of identification between human self and nonhuman other – one would not have *Walden*, or any of a number of accomplished works of Nature Writing."[79] Fritzell geht in diesem Zitat sogar so weit zu behaupten, dass das Genre des *Nature Writing*, ohne diese Veränderung im Mensch-Natur-Verhältnis nicht existieren würde, was dieses im Umkehrschluss zu seiner Voraussetzung macht.

---

[78] Fritzell, „Nature Writing and America: Essays upon a Cultural Type" 42.
[79] Fritzell, „Nature Writing and America: Essays upon a Cultural Type" 53.

3.1.2 Einordnung des Genres des *Nature Writing*

Gemeinhin wird Henry David Thoreaus *Walden*-Experiment als die Geburtsstunde des *Nature Writing* gesehen.[80] Darüber hinaus wird Thoreaus *Walden*[81] auch stets als exemplarisches Werk herangezogen, wenn es um Definitionen und Einordnungen des Genres des *Nature Writing* geht. In seinem *Synchronic diagram of Nature Writing and associated literary forms and types*[82], in dessen Zentrum ebenfalls Thoreaus Werk zu finden ist, zählt Peter A. Fritzell eine Vielzahl von literarischen Formen und Genres auf, aus welchen jenes des *Nature Writing* seine Grundlagen bezieht. Damit einhergehend stellt das Diagramm dar, wo die Unterschiede zwischen den verschiesenen Genres zu finden sind. Aus eben diesem Diagramm erschließt sich, dass das Genre des *Nature Writing* Charakteristika aus literarischen Formen wie etwa der *Literature of Travel*, der *Literature of Exploration*, dem *Classical Pastoral*, der *Natural Philosophy*, sowie der *Rural and Country Literature* und weiteren in sich vereint. Als das, was das Genre des *Nature Writing* von all jenen unterscheidet, aus welchen es seine Grundlagen bezieht, somit als seine eigentlichen Charakteristika, werden jedoch lediglich das ausnahmslose Vor-herrschen der ersten Person Singular, die bis zur Publikation von *Walden* ungewöhnliche Verwendung von sowohl selbstreflektiven Elementen als auch von unpersönlichen wissenschaftlichen Erklärungen und die zumeist regionale beziehungsweise lokale Gebundenheit angeführt.[83]

---

[80]   Vgl.: Bill McKibben, „Introduction," *American Earth: Environmental Writing Since Thoreau,* ed. Bill McKibben (New York: Literary Classics of the United States, 2008) xxiii-xxiv. Vgl. auch: Fritzell, „Nature Writing and America: Essays upon a Cultural Type" 70.

[81]   Henry David Thoreau, *Walden*, 1854, ed. Jeffrey S. Kramer (New Haven: Yale University, 2004).

[82]   Fritzell, „Nature Writing and America: Essays upon a Cultural Type" 71.

[83]   Vgl.: Fritzell, „Nature Writing and America: Essays upon a Cultural Type" 73.

3.2 John Steinbecks *The Log From the Sea of Cortez* und das Genre des *Nature Writing*

Wie bereits erwähnt, liegt dem Genre des *Nature Writing* ein neues Gefühl für die Natur, der Einigkeit sowie eine tiefe Verbundenheit zwischen dem Menschen und allem Lebenden zugrunde. Dieses Gefühl der Verbundenheit und Einigkeit lässt sich leicht in Steinbecks Ausführungen in *The Log From the Sea of Cortez* wiederfinden. Dies kann an verschiedenen Stellen innerhalb des Buches verifiziert werden. So zitiert Steinbeck in ihm nicht nur Algernon Charles Swinburne's *Hertha,* sondern geht mit der innewohnenden Aussage mehr als nur konform: "As Swinburne, extolling Hertha, the earth Goodess, makes her say: "Man, equal and one with me, man that is made of me, man that is I," so all things which are *that –* which is all – equally may be extolled" (*The Log From the Sea of Cortez,* 124). Indem Steinbeck den Menschen mit der Natur gleichsetzt, widerspricht er vehement dem hierarchischen Dualismus zwischen Mensch und Natur und vertritt offen das Gefühl der Verbundenheit und Einigkeit alles Seienden, welches dem Genre des *Nature Writing* zu Grunde liegt. Steinbeck geht in *The Log From the Sea of Cortez* sogar noch einen Schritt weiter und plädiert dafür, dass der Mensch sich als eine Spezies unter vielen betrachten sollte, was dieser Aussage noch mehr Gewicht zu verleihen vermag:

> "The species typically does thus and so," but we do not objectively observe our own species as a species, although we know the individuals fairly well. When it seems that men may be kinder to men, that wars may not come again, we completely ignore the record of our species. If we used the same smug observation on ourselves than we do on hermit crabs we could be forced to say, with the information at hand, „It is one diagnostic trait of *Homo sapiens* that groups of individuals are periodically infected with a feverish nervousness which causes the individual to turn on and destroy, not only his own kind, but the works of his own kind. It is not known whether this be caused by a virus, some airborne spore, or whether it be a species reaction to some meteorological stimulus as yet undetermined." Hope, which is another species diagnostic trait – the hope that this may not always be – does not in the least change the observable past and present(*The Log From the Sea of Cortez,* 15).

Wie bereits erwähnt, ist das Genre des *Nature Writing* nach John Elder grundlegend definiert als "a form of the personal, reflective essay grounded in attentiveness to the natural world and an appreciation of science but also open to the spiritual meaning and intrinsic value of nature."[84]

Auch diese Definition lässt sich durchaus auf John Steinbecks *The Log From the Sea of Cortez* anwenden. Immer wieder lässt sich innerhalb des Werkes Steinbecks Verhältnis zur

---

[84]   Die vollständigen bibliographischen finden sich in Fußnote Nr. 68.

Natur sowohl unter Berücksichtigung der Wissenschaft als auch der tieferliegenden spirituellen Bedeutung und den innewohnenden Werten der Natur finden. Auf der einen Seite sieht Steinbeck die gesammelten Proben unter ihrer wissenschaftlichen Bedeutung, auf der anderen Seite vermag er es, an vielen Stellen eine Verbindung zwischen Mikro- und Makrokosmos, zwischen wissenschaftlichen und philosophischen Ansichten zu erstellen:

> The whole is necessarily everything, the whole world of fact and fancy, body and psyche, physical fact and spiritual truth, individual and collective, life and death, macrocosm and microcosm (the greatest quanta here, the greatest synapse between these two), conscious and unconscious, subject and object. The whole picture is portrayed by *is*, the deepest word of deep ultimate reality, not partial or shallow as reasons are, but deeper and participating, possibly encompassing the Oriental concept of *being*. And all this against the hot beach on an Easter Sunday, with the passing day and the passing time. This little trip of ours was becoming a thing and a dual thing, with collecting and eating and sleeping merging with the thinking-speculating activity. Quality of sunlight, smoothness of water, boat engines, and ourselves were all parts of a larger whole and we could begin to feel its nature but not its size (*The Log From the Sea of Cortez,* 125).

Darüber hinaus schreibt John Steinbeck bereits in der Einleitung zu *The Log From the Sea of Cortez*, dass dieser Ansatz der einzige ist, der es ermöglicht, ein wahres Buch über den Golf von Kalifornien zu verfassen:

> We determined to go doubly open so that in the end we could, if we wished, describe the sierra thus: "D. XVII-15-IX; A.II-15-IX," but also we could see the fish alive and swimming, feel it plunge against the lines, drag it threshing over the rail, and even finally eat it. And there is no reason why either approach should be inaccurate. Spine-count description need not suffer because another approach is also used. Perhaps out of the two approaches, there might emerge a picture more complete and even more accurate than either alone could produce. And so we went (*The Log From the Sea of Cortez,* 3).

All diese Auführungen lassen den Schluss zu, es handle sich bei John Steinbecks *The Log From the Sea of Cortez* um ein Buch, welches dem Genre des *Nature Writing* zuzusprechen ist.

Betty L. Perez geht in ihrem 1976 im *Steinbeck Quarterly* erschienenem Artikel sogar noch einen Schritt weiter und zieht Parallelen zwischen *The Log From the Sea of Cortez* und Thoreau's *Walden*[85], welches, wie bereits erwähnt, als Stereotyp des *Nature Writing* anzusehen ist:

> The structure of both works is that of a journal, and because of their factual basis and their respective declarations of truthful representations, both *Walden* and *Sea of Cortez* have been read strictly as detailed journals of certain personal happenings, without the reader's awareness of the authorial designs molding simple events and collected data into controlled artistic creations. Aesthetically speaking, both books are celebrations of life – distillations of essential reality into a single familiar pattern.[86]

Zwar können die aufgeführten Parallelen zwischen Thoreau's *Walden,* der Definition des Genres des *Nature Writing* und John Steinbecks *The Log From the Sea of Cortez* nicht geleugnet werden, allerdings gibt es auch zahlreiche Aspekte, welche einer Zuordnung des Werks zum Genre des *Nature Writing* widersprüchlich gegenüber stehen.

Obgleich die ungewöhnliche Verwendung von sowohl selbstreflektiven Elementen als auch von unpersönlichen wissenschaftlichen Erklärungen als belegt gelten kann, und mit dem Golf von Kalifornien auch eine gewisse regionale Gebundenheit gegeben ist, widerspricht *The Log From the Sea of Cortez* den Konzeptionen des Genres des *Nature Writing* nach Fritzell zumindest insofern, dass anstelle der ersten Person Singular ebendiese ausnahmslos im Plural vorherrscht. Ein weiterer Aspekt, der gegen eine Zuordnung von *The Log From the Sea of Cortez* zum Genre des *Nature Writing* spricht, sind John Steinbecks eigene Gedanken, welche er am 4. July 1941 an Pascal Covici formuliert hat:

> This book is very carefully planned and designed Pat, but I don't think its plan will be immediately apparent. [...] I even think that it is a new kind of writing. I told you once that I found a great poetry in scientific thinking. Perhaps I haven't done it but I've tried and it is there to be done.[87]

Steinbeck war folglich selbst der Ansicht, eine neue Art des Schreibens entwickelt zu haben. Im selben Brief an Covici äußert Steinbeck, dass "again, there are four levels of statement in it and ... few will follow it down to the fourth."[88]

---

[85]   Die vollständigen bilbliographischen Angaben finden sich in Fußnote Nr. 81.
[86]   Perez, „The Form of the Narrative Section of *Sea of Cortez*: A Specimen Collected from Reality" 39.
[87]   John Steineck, *Steinbeck: A Life in Letters*, ed. Elaine Steinbeck/Robert Wallsten (New York: Viking, 1975) 232. Künftig zitiert als Steinbeck, „A Life in Letters".
[88]   Steinbeck, „A Life in Letters" 232.

Stanley Brodwin bezieht diese vier Ebenen auf vier der fundamentalsten Fragen der Darwinistischen "Revolution" und findet diese in *The Log From the Sea of Cortez* thematisiert: "the problem of means and ends," the meaning of biological and environmental "function," the crucial theological and scientific meaning of teleology, and finally, a new apprehension of the nature of Time itself."[89] Darüber hinaus ordnet Brodwin *The Log From the Sea of Cortez* dem *scientific travel narrative* zu:

> *Together with works by Cook, Humboldt, Forbes and Darwin,* The Log from the Sea of Cortez *belongs to literature's great scientific travel narratives. Like the best of its predecessors,* The Log *transcends simple narrative description by forming hypotheses and speculating on their relationship to broad natural functions. Steinbeck emulates Darwin in particular by exploring the aesthetic, romantic, and religious as well as scientific aspects of what he observed and felt. Thus Steinbeck rejuvenates the role of the poet-naturalist and recaptures the poetry in scientific thinking, exemplified by his vision of the hypothesis as a work of art "beautiful and whole" in its own right, capable of retaining that holistic beauty, even when proved wrong.*[90]

Diese Einschätzung lässt sich einerseits dadurch untermauern, dass Steinbeck innerhalb *The Log from the Sea of Cortez* oftmals Bezug nimmt auf Darwins *Voyage of the Beagle* und sogar die Expedition der *Western Flyer* mit der der *HMS Beagle* vergleicht und seine Bewunderung mit Darwins Expedition zum Ausdruck bringt. "In a way, ours is the older method, somewhat like that of Darwin on the *Beagle"(The Log From the Sea of Cortez,* 51):

> He was called a "naturalist." He wanted to see everything, rocks and flora and fauna, marine and terrestrial. We came to envy this Darwin on his sailing ship. He had so much room and so much time. He could capture his animals and keep them alive and watch them. He had years instead of weeks, and he saw so many things. Often we envied the inadequate transportation of his time – the *Beagle* couldn't get about quickly (*The Log From the Sea of Cortez,* 51).

89   Stanley Brodwin, „"The Poetry of Scientific Thinking": Steinbeck's *Log From the Sea of Cortez* and Scientific Travel Narrative," *Steinbeck and the Environment: Interdisciplinary Approaches,* ed. Susan F.Beegel/Susan Shillinglaw/Wesley N. Tiffney, Jr. (Tuscaloosa: University of Alabama, 1997) 143. Künftig zitert als: Brodwin, „The Poetry of Scientific Thinking": Steinbeck's *Log From the Sea of Cortez* and Scientific Travel Narrative".

90   Brodwin, „The Poetry of Scientific Thinking": Steinbeck's *Log From the Sea of Cortez* and Scientific Travel Narrative" 142.

Darüber hinaus hatte Steinbeck bereits im Vorfeld der Expedition der *Western Flyer* in den Golf von Kalifornien und somit vor dem Verfassen von *The Log of the Sea of Cortez* Darwins zentrale Rolle für die beiden Vorhaben in einer Pressemitteilung vermittelt.[91] "The more general aspects of the tie-in of all animal species with one another has been lost since Darwin went out of picture. We are trying in our own small way to get back to a phase of the broader view."[92]

Obwohl also John Steinbecks *The Log From the Sea of Cortez* einige Parallelen zum Genre des *Nature Writings* und seinen Vertretern aufweist, lässt es sich doch folglich höchstens and der Peripherie von Fritzell's *Synchronic diagram of Nature Writing and associated forms and types* angliedern. Somit bleibt festzustellen, dass es dem Genre des *Nature Writing* nicht zugeschrieben werden kann.

> What the *Log* also succeeds in doing is to remind us that it is, in proper evolutionary fashion, a work that is a new species in the scientific-travel genre, a genre with its own acknowledged historical development and impact on Western thought, its own heroes ans adventurers, whether on land or sea, its own masterpieces of "revolutionary" influence and lasting literary value.[93]

Stanley Brodwin kommt in seinen Ausführungen zu dem Schluß, dass *The Log From the Sea of Cortez* dem *scientific travel genre* zuzuordnen ist. Indem Brodwin das Werk als eine neue Spezies in diesem Genre beschreibt, attestiert er ihm, dass es selbst in diesem eine Sonderstellung einnnimmt. Steinbecks Einschätzung, in *The Log From the Sea of Cortez* eine neue Art des Schreibens entwickelt zu haben, kann somit gewissermaßen bestätigt werden.

---

[91] Vgl.: Brodwin, „The Poetry of Scientific Thinking": Steinbeck's *Log From the Sea of Cortez* and Scientific Travel Narrative" 153.

[92] Brodwin, „The Poetry of Scientific Thinking": Steinbeck's *Log From the Sea of Cortez* and Scientific Travel Narrative" 153.

[93] Brodwin, „The Poetry of Scientific Thinking": Steinbeck's *Log From the Sea of Cortez* and Scientific Travel Narrative" 145.

4. John Steinbeck's *The Log From the Sea of Cortez*

John Steinbeck's *The Log From the Sea of Cortez* ist eine Neuauflage des 1941 erschienenen Buches *Sea of Cortez: A Leisurely Journal of Travel and Research*, welches das Journal einer sechs Wochen langen Expedition in den Golf von Kalifornien ist, die Steinbeck und Ricketts im März und April 1940 unternommen hatten. Die 1951 erschienene Neuauflage besteht aus dem Erzähltext der Originalausgabe und enthält als einleitende Ergänzung das sechzig Seiten lange von Steinbeck verfasste Essay *About Ed Ricketts,* der 1948 bei einem Unfall ums Leben gekommen war.

Der zirca dreihundert Seiten lange phyletische Katalog der auf der Expedition in den Golf von Kalifornien beziehungsweise in das Cortez-Meer gesammelten Proben sowie die angefügte Bibliographie fehlen hingegen in der modifizierten Neuaflage von 1951.[94]

Die dieser Studie zu Grunde liegende Ausgabe aus dem Jahr 1995 enthält darüber hinaus weitere Modifikationen. Zum einen ist sie erweitert durch eine Einleitung von Richard Astro[95], zum anderen ist das Essay *About Ed Ricketts*, welches der Auflage von 1951 als Einleitung diente, in dieser Ausgabe als Appendix angeführt.

4.1 Der Expeditionsverlauf der *Western Flyer*

Wie bereits erwähnt, ist Steinbecks *The Log From the Sea of Cortez* das Journal einer sechswöchigen Expedition in den Golf von Kalifornien, welche Steinbeck und Ricketts zusammen geplant und 1940 in die Tat umgesetzt hatten. Die ersten drei Kapitel befassen sich mit den Vorbereitungen der Expedition, dem Chartern der *Western Flyer*, dem Anheuern der Crew, welche neben Steinbeck und Ricketts aus dem Kapitän Tony Berry, dem Mechaniker Tex Travis sowie den beiden Matrosen Sparky Enea und Tiny Colletto bestand, und der Beschaffung und Aufzählung der notwendigen Ausrüstung und Ver-pflegung, welche für die Durchführung der Expedition notwendig waren. Steinbecks Frau Carol nahm ebenfalls an der Expedition teil, findet allerdings innerhalb des Buches keine Erwähnung.[96]

---

[94]   Peterson, „Steinbeck's The Log From the Sea of Cortez (1951)" 87.

[95]   Die vollständigen bibliographischen Angaben finden sich in Fußnote Nr. 14.

[96]   Vgl.: Astro, „Introduction Sea of Cortez" xiv.

Die Expedition selbst beginnt mit Kapitel 4 am 11. März 1940. Ob die im Buch aufgeführten Daten allerdings immer den Tatsachen entsprechen ist unsicher, da Kapitel eins bis fünf nicht datiert sind, und sich Kapitel 25, welches auf den 22. April datiert ist, zwischen dem 3. und dem 5. April befindet. Die *Western Flyer* war jedoch schon am 20. April nach Monterey zurückgekehrt.[97]

Nach sieben Tagen auf See, welche nur von einem kurzen Aufenthalt in San Diego unterbrochen wurden, um den Tank der *Western Flyer* sowie die Vorräte aufzustocken, erreichte die Expedition am 17. März mit Cape San Lucas ihre erste Sammelstation.

Cape San Lucas ist der südlichste Punkt von *Lower California* und stellte somit nicht nur den südlichsten Punkt der Expedition dar, sondern markiert auch das Tor in den Golf von Kalifornien, beziehungsweise das zur *Sea of Cortez*. Nach weiteren Stationen am El Pulmo Reef und der Isla Espiritu Santo verbrachte die Crew drei Tage in La Paz, um die Vorräte aufzustocken und um weitere Proben zu sammeln. An dieser Stelle in Kapitel 11 erwähnt Steinbeck kurz die Geschichte eines indianischen Jungen, welche er später in der Novelle *The Pearl* verarbeiten sollte (*The Log From the Sea of Cortez*, 85). Am Tag nach Karfreitag 1940, welchen man noch in La Paz verbracht hatte, brach die Expedition am Morgen des 23. März auf gen San Jose Island, wo die Crew der *Western Flyer* am Nachmittag an der Amortajada Bay vor Anker ging, um an einer kleinen Insel mit dem Namen Cayo zu sammeln.

Ostersonntag verbrachte die Crew um Steinbeck auf San Jose Island. Hier in Kapitel 14 findet sich auch die lange Diskussion über *non-teleogical thinking*, welche oftmals her-angezogen wird, wenn es um *The Log From the Sea of Cortez* oder die Beziehung zwischen Steinbeck und Ricketts geht, eine Frage, die eine große Rolle in den *Steinbeck Studies* der letzten Jahre gespielt hat.[98]

Nach einem kurzen Aufenthalt am Marcial Reef, welcher erneut zum Sammeln und Katalogisieren von Proben genutzt wurde, erreichte die *Western Flyer* am Nachmittag des 25. März Puerto Escondito, wo die Crew von einigen Mexikanern auf einen Jagdausflug eingeladen wurden, was als willkommene Abwechslung dankend angenommen wurde, auch wenn niemand Interesse daran hatte, ein Tier zu töten. Diese Einstellung teilte die Crew überraschenderweise mit den Mexikanern, die auf den Jagdausflug eingeladen hatten:

---

[97] Vgl.: Astro, „Introduction Sea of Cortez" xiv.
[98] Vgl.: Peterson, „Steinbeck's The Log From the Sea of Cortez (1951)" 89f.

We accepted immediately, and went with them to the little ranch set back half a mile from Puerto Escondido. We didn't want to kill a big-horn sheep, but we wanted to see the country. As it turned out, none of them – the rancher, the teacher, or the customs man – had any intention of killing a big-horn sheep (*The Log From the Sea of Cortez*, 131).

Nach dem zweitägigen Jagdausflug setzte die Crew ihre Sammlung in Puerto Escondito fort, bevor sie am Nachmittag des 27. März nach Loreto aufbrach, um die Vorräte aufzustocken. Noch am selben Tag setzte die *Western Flyer* ihre Reise nordwärts Richtung Coronado Inseln fort.

Nach weiteren Aufenthalten und Sammelstationen in der Conception Bay, der Santa Inez Bay, San Lucas Cove, der San Carlos Bay, der San Franciscquito Bay und der Angeles Bay erreichte die Expedition am 2. April 1940 mit Puerto Refugio an der Nordküste der Guardian Angel Island ihren nödlichsten Punkt. Am darauf folgenden Tag wandte sich die *Western Flyer* südwärts an der Ostküste der Guardian Angel Island entlang und kreuzte auf der Höhe der Tiburon Islands den Golf von Kalifornien, um sich der mexikanischen Festlandküste am Ostrand des Golfes zuzuwenden. Red Bluff Point am Südende Tiburons stellte die erste Sammelstation der Expedition an der Ostküste des Golfes dar.

Wie bereits erwähnt, findet sich in der Folge eine Ungereimtheit in der Datierung. Laut der Kapitelüberschrift erreichte die Expedition am 22. April die Küste vor Guaymas. Dies ist allerdings aufgrund der Tatsache, dass die *Western Flyer* am 20. April nach Monterey zurückkehrte, unmöglich. Erfasst man jedoch die Situierung des falsch datierten 25. Kapitels zwischen dem 3. und dem 5. April in den Kapiteln 24 und 26, ist es mehr als wahrscheinlich, dass es sich hierbei lediglich um einen Fehler Steinbecks handelt, welcher niemandem aufgefallen ist. Aufgrund der Tatsache, dass Kapitel 25 dem Reiseverlauf nach die Lücke zwischen dem vorangehenden und dem nachfolgenden Kapitel schliesst, ist es mehr als wahrscheinlich, dass der 4. April die für Kapitel 25 richtige Datierung darstellt. Am Morgen des 5. Aprils legte die *Western Flyer* in Guaymas an, wo die Crew drei Tage verbringen sollte. Am Montag, den 8. April, brach die Crew erneut auf und sollte im Verlauf des Tages der japanischen Fischerflotte begegnen, eine Begegnung, welche im späteren Verlauf der Studie noch genauer zu untersuchen sein wird.

Drei Tage später erreichte die Expedition mit dem Agiabampo Estuary ihre letzte Sammelstation an der Ostküste des Golfes und begann in der Nacht die Durchquerung des Golfes Richtung Westen.

Nach einer letzten Sammelstation auf Espiritu Santo Island setzte die *Western Flyer* zur Heimreise an und sollte bis San Diego keinen Halt mehr machen.[99]

4.2 Ökologie und John Steinbecks *The Log From the Sea of Cortez*

Wie bereits erwähnt, hat sich die Forschung, wenn es um John Steinbecks *The Log From the Sea of Cortez* ging, zumeist mit Fragen bezüglich der Beziehung zwischen John Steinbeck und Ed Ricketts sowie jenen des *non-teleological-thinking* befasst. Erst in den letzten Jahren seit der Institutionalisierung des *Ecocriticism* hat sich die Steinbeck-Forschung auch anderen Aspekten in John Steinbecks *The Log From the Sea of Cortez* zugewandt. Besonders das 1997 erschienene Werk von Beegel, Shillinglaw und Tiffney, *Steinbeck and the Environment: Interdisciplinary Approaches,* konnte darlegen, dass *The Log From the Sea of Cortez* auch ökologische Ansichten und Tendenzen zu Grunde liegen.

Diese These wird im folgenden Absatz, welcher sich eng am Originaltext von *The Log From the Sea of Cortez* orientieren wird, genauer zu untersuchen sein. Darüber hinaus wird im späteren Verlauf der Studie die Frage zu beantworten sein, inwieweit John Steinbeck im 1941 erschienenen *The Log From the Sea of Cortez* Thesen und Prophezeihungen sowie Probleme aufgeführt hat, welche in der Gegenwart sowie in der modernen Umwelt-bewegung der USA zum Thema geworden sind.

---

[99] Wenn nicht anders gekennzeichnet, stammen alle diesen Ausführungen zugrunde liegenden Informationen aus John Steinbecks *The Log From the Sea of Cortez*. Die vollständigen bibliographischen Angaben dazu finden sich in Fußnote Nr. 3.

4.3 Ökologische Aspekte in John Steinbecks *The Log From the Sea of Cortez*

Auf den ersten Blick liegt es klar auf der Hand, dass einem Buch, welches sich mit einer Expedition in eine solch artenreiche Region wie den Golf von Kalifornien und dem Sammeln und Katalogisieren von maritimer Flora und Fauna beschäftigt, ein gewisser ökologischer Grundkanon zu Grunde liegen muss.

Besonders an John Steinbecks *The Log From the Sea of Cortez* sind allerdings jene über diese Grundtendenz hinausgehenden Textstellen, in welchen Steinbeck seine Ansichten über die Umwelt und mögliche zukünftige ökologische Probleme äussert. Bereits in der Einleitung gibt Steinbeck einen Hinweis darauf, dass er sich bewusst ist, dass die Menschheit im Allgemeinen und jeder Mensch im Einzelnen einen Einfluss auf die ihn umgebende Umwelt hat. So ist er sich im Klaren darüber, dass selbst der Golf von Kalifornien durch die Expedition eine Veränderung erfahren wird und dass jeder der Expeditionsteilnehmer für immer ein Faktor in der Ökologie der Region werden wird: "[...] Let us go," we said, "into the Sea of Cortez, realizing that we become forever a part of it; that our rubber boots slogging through a flat of eel-grass, that the rocks we turn over in a tide pool, make us truly and permanently a factor in the ecology of the region. We shall take something away from it, but we shall leave something, too"(*The Log From the Sea of Cortez*, 3). Bereits im auf diese Aussage folgenden Satz erwähnt Steinbeck, dass es sich bei diesem zwar um einen vergleichsweise kleinen Einfluss handelt, stellt aber in der Folge heraus, dass auch dieser seine Wichtigkeit im Bezug auf die ökologische Gesamtheit und das Mensch-Natur-Verhältnis im Allgemeinen besitzt:

> We take a tiny colony of soft coals from a rock in a little water world. And that isn't terribly important to the tide pool. Fifty miles away the Japanese shrimp boats are dredging with overlapping scoops, bringing up tons of shrimps, rapidly destroying the species so that it might never come back, and with the species destroying the ecological balance of the whole region. That isn't very important in the world. And thousand of miles away the great bombs are falling and the stars are not moved thereby. None of it is important or all of it is (*The Log From the Sea of Cortez*, 3).

Bereits in diesem kurzen einleitenden Absatz lässt sich John Steinbecks Umweltverständis erkennen. So scheint er bereits realisiert zu haben, dass eine Verantwortung gegenüber der Umwelt bei jedem Einzelnen zu suchen ist.

Indem er das eigene invasive Eingreifen der Expedition in das Ökosystem eines *tide pool* mit dem der japanischen Shrimp-Flotte, auf welche im späteren Verlauf der Studie noch zu kommen sein wird, sowie mit den verheerenden Auswirkungen des Zweiten Weltkrieges gleichsetzt, äußert Steinbeck, dass er sich der Tragweite seines Handelns und dem jedes Einzelnen bewusst ist. Dass diese Feststellung in der Einleitung zu *The Log From the Sea of Cortez* angeführt wird, lässt bereits zu Beginn einen Rückschluss darauf zu, dass ökologische Aspekte einen für das Werk hohen Stellenwert einnehmen und im weiteren Verlauf vermehrt thematisiert werden.

Darüber hinaus lassen diese Textpassagen folglich auch einen Rückschluss auf Steinbecks holistische Weltanschauung zu. So realisiert Steinbeck, dass er durch die Expedition für immer Teil des Golfes von Kalifornien und ein Faktor in dessen Ökosstem werden wird. Diese holistische Einstellung findet sich noch öfter innerhalb des Werkes. So legt zum Beispiel folgende Passage klar Steinbecks Ansichten bezüglich der Verbundenheit alles Seienden dar: "One merges into another, groups melt into ecological groups until the time when what we know as life meets and enters what we think of as non-life: barnacle and rock, rock and earth, earth and tree, tree and rain and air. And the units nestle into the whole and are inseparable from it" (*The Log From the Sea of Cortez*, 178). Steinbeck scheint sich folglich im Klaren zu sein, dass alles in Verbindung zu einander steht, dass alles miteinander verbunden ist, Mensch und Natur, Lebewesen und nicht-lebendige Umwelt. Er kommt darüber hinaus zu dem Schluss, dass wenn einem diese Sicht auf die Welt gegeben ist, alles Seiende zum Synonym für Ökologie wird: "If he [man; d.A.] has the strength and energy of mind the tide pool stretches both ways, digs back to electrons and leaps space into the universe and fights out of the moment into non-conceptual time. Then ecology has a synonym which is ALL" (*The Log From the Sea of Cortez*, 71)

Nicht nur scheint sich John Steinbeck des holistischen Konzeptes und des Einflusses des Einzelnen auf die Natur bewusst zu sein. So sieht er auch die gravierenden Auswirkungen, welche die gesamte Menschheit, die Spezies Mensch auf die Welt und ihr Ökosystem hat:

> Man is the only animal whose interest and whose drive are outside himself. Other animals may dig holes to live in; may weave nests or take possesion of hollow trees. Some species, like bees or spiders, even create complicated homes, but they do it with the fluids and processes of their own bodies. They make little impression on the world. But the world is furrowed and cut, torn and blasted by man. Its flora has been swept away and changed; its mountains torn down by man; its flat lands littered by the debris of his living (*The Log From the Sea of Cortez*, 73).

Diese Passage beinhaltet zwei wichtige Aussagen. Auf der einen Seite legt John Steinbeck in ihr klar dar, welch desaströsen Einfluss die Menschheit auf die Welt seiner Meinung nach hat, wie sowohl Flora als auch Fauna unter dem Menschen und seinen Nebenprodukten zu leiden haben. Hierbei handelt es sich laut Steinbeck um ein aktives, negatives Eingreifen in das Ökosystem der Erde, welches kein anderes Lebewesen mit dem Menschen gemein hat.

Auf der anderen Seite lässt sich in diesem Absatz auch jenes bereits früher in dieser Studie erwähnte alternative Mensch-Natur-Verhältnis, welches sich aus Romantik, Aufklärung und Renaissance entwickelt hatte, wiedererkennen. Da John Steinbeck den Menschen in diesem Absatz als Tier beziehungsweise Spezies betrachtet und sein Verhalten dem anderer Spezies vergleichend gegenüber stellt, vertritt er erneut jenes Gefühl der Einheit, Gleichheit und Verbundenheit alles Seienden.

Hiermit widerspricht und kritisiert er wiederholt den hierarchischen Dualismus, der den Menschen einerseits über die Natur und andere Lebewesen stellt, ihm andererseits das Recht und die Macht verleiht, sich diese uneingeschränkt zu Nutze zu machen.

Über den gesamten Verlauf von *The Log From the Sea of Cortez* fährt Steinbeck fort, Beispiele für den negativen Einfluss der Menschen auf das Ökosystem Welt aufzuführen. Besonders auffällig wird dies an jenen Stellen, an denen Steinbeck Auskünfte über die Population bestimmter Lebewesen in bestimmten Regionen gibt. Bei der Suche nach *Amphioxus* erwähnt Steinbeck etwa "there used to be many of them at Balboa Beach in Southern California, but channel dredging and perhaps the great number of motor boats have made them rare" (*The Log From the Sea of Cortez,* 166). Auch hier ist der Populationsrückgang dieser Spezies in dieser Region wieder auf den Menschen, in diesem Falle auf das Ausheben von Fahrtrinnen und die hohe Anzahl der Motorboote am Balboa Beach, zurückzuführen.

Steinbeck sieht auch die globalen Folgen, welche das Auslöschen einer Spezies unter Umständen haben könnte. Zwar geht er hierbei davon aus, dass das Verschwinden von raren Spezies eine eher geringe Auswirkung auf die Ökologie haben würde, eine Aussage welche später noch einer genaueren Untersuchung unterzogen werden muss, ist sich aber im Gegenzug auch im Klaren darüber, dass das Verschwinden anderer die gesamte Welt verändern, wenn nicht sogar alles Leben auf der Welt auslöschen würde:

The rare animal might be of individual interest, but it is unlikely to be of much consequence in any ecological picture. The common, known multitudinous animals, the red pelagic lobsters which litter the sea, the hermid crabs in their billions, scavengers of the tide pools, would by their removal affect the entire region in widening circles. The disappearance of plankton, although the components are microscopic, would probably in a short time eliminate every living thing in the sea and change the whole of man's life, if it did not through a seismic disturbance of balance eliminate all life on the globe. For these little animals, in their incalculable numbers, are probably the food supply of the world. But the extinction of one of the rare animals, so avidly sought and caught and named, would probably go unnoticed in the cellular world (*The Log From the Sea of Cortez*, 178).

Besonders beeindruckt und beunruhigt scheinen die Besatzung der *Western Flyer* und insbesondere John Steinbeck von der japanischen Fischerflotte gewesen zu sein, welche am 8. April den Weg der Expedition kreuzte. Aufgrund der Tatsache, dass sich die Fischer in der Region darüber beschwert hatten, dass die Flotte die Shrimp-Vorkommen der Region in einem solchen Maße reduziere, dass die Subsistenz der Einheimischen ge-fährdet sei, entschied sich die Besatzung der *Western Flyer* eben dieser Fischerflotte einen Besuch abzustatten (Vgl.: *The Log From the Sea of Cortez,* 204). Zu allererst äußert Steinbeck in diesem Zusammenhang sein Erstaunen über die Größe der Flotte: "There were six ships doing the actual dredging while a large mother ship of at least 10,000 tons stood farther offshore at anchor. The dredgeboats themselves were large, 150 to 175 feet, probably about 600 tons"(*The Log From the Sea of Cortez,* 204). Was Steinbeck aber mehr zu erschrecken scheint als die bloße Größe der Flotte ist das Werk, welches sie vollbringt:

There were twelve boats in the combined fleet including the mother ship, and they were doing a very systematic job, not only of taking every shrimp from the bottom, but every other living thing as well. They cruised slowly along in the echelon with overlapping dredges, literally scraping the bottom clean. Any animal that escaped must have been very fast indeed, for not even the sharks got away (*The Log From the Sea of Cortez,* 204).

Noch entsetzlicher scheint der Anblick, welcher sich Steinbeck bietet, als sich die Besatzung entscheidet, einem der Schiffe einen Besuch abzustatten, um den Fangvorgang zu besichtigen:

The big scraper closed like a sack as it came up, and finally it deposited many tons of animals on the deck – tons of shrimps, but also tons of fish of many varieties: sierras; pompano of several species; of the sharks, smooth-hounds and hammer heads; eagle rays and butterfly rays; small tuna; catfish; *puerco* – tons of them. And there were bottomsamples with anemones and grass-like gorgonians. The sea bottom must have been scraped completely clean. The moment the net dropped open and spilled this mass of living things on the deck, the crew of Japanese went to work. Fish were thrown overboard immediately, and only the shrimps kept. The sea was littered with dead fish, and the gulls swarmed out about eating them. Nearly all the fish were in a dying condition, and only a few recovered. The waste of this good food supply was appaling, and it was strange that the Japanese, who are usually so saving, should have done it (*The Log From the Sea of Cortez,* 205).

In der Folge äußert Steinbeck seine Befürchtung, dass ein solches Verhalten auf Dauer nur das Aussterben der Shrimps in dieser Region bedeuten kann, falls keine Änderung eintreten sollte:

With their many and large boats, with their industry and efficiency, but most of all with their intense energy, these Japanese will obviously soon clean out the shrimps of the region. And it is not true that a species thus attacked comes back. The disturbed balance often gives a new species ascendancy and destroys forever the old relationship. In addition to the shrimps, these boats kill and waste many hundred of tons of fish every day, a great deal of which is sorely needed for food (*The Log From the Sea of Cortez,* 206).

Steinbeck fährt fort und fragt sich einerseits, warum die mexikanische Regierung ein solches Vorgehen in ihren Gewässern duldet, warum die Nahrungsressourcen nicht erkannt worden sind und nicht geschützt werden. Desweiteren schlägt er vor, dass Fangbe-schränkungen erlassen werden müssen, um das Ökosystem der Region zu schützen. Wenn dies geschieht, so Steinbeck weiter, "there might be shrimps available indefinitely", wenn dies jedoch nicht in die Tat umgesetzt wird, würde "the end of the shrimp industry in Mexico" sehr bald Wirklichkeit werden (*The Log From the Sea of Cortez,* 207). Steinbeck hat folglich erkannt, dass die Ressourcen des Meeres begrenzt sind und propagandiert somit einen verantwortungsvollen Umgang mit diesen.

In diesem Zusammenhang findet sich ein weiterer interessanter Aspekt. Steinbeck nimmt diese Kritik an der mexikanischen Regierung zum Anlass, auch das Fehlverhalten der amerikanischen Regierung sowie der amerikanischen Bevölkerung in die Kritik zu nehmen:

We in the United States have done do much to destroy our own resources, our timber, our land, our fishes, that we should be taken as a horrible example and our methods avoided by any government and people enlightened enough to envision a continuing economy. With our own resources we have been prodigal, and our country will not soon lose the scars of our grasping stupidity (*The Log From the Sea of Cortez,* 207).

Steinbeck kommt am Ende seiner Ausführungen bezüglich der japanischen Fischerflotte im Golf von Kalifornen zu dem Schluss, dass es sich bei ihrem Vorgehen um ein Verbrechen sowohl gegenüber der Natur als auch gegenüber der Menschheit handelt: "They were committing a true crime against nature and against the immediate welfare of Mexico and the eventual welfare of the whole human species" (*The Log From the Sea of Cortez,* 207).

Alles in Allem kommt Steinbeck folglich zu einem verheerenden Ergebnis. Zwar beziehen sich seine Beobachtungen, Ausführungen, Befürchtungen und Prophezeihungen im Rahmen der Expedition logischerweise zumeist nur auf die Region des Golf von Kalifornien, allerdings gibt Steinbeck im Gegenzug selbst den Anhaltspunkt, dass diese aufgrund der Verbundenheit aller Dinge und des zugrunde liegenden Mensch-Natur- Verhältnisses auch eine globale Bedeutung besitzen. Daher ist es laut Steinbeck ratsam, die Beobachtungen im *tide pool* auf das ökologische Gesamtbild zu übertragen:

And it is a strange thing that most of the feeling we call religious, most of the mystical outcrying which is one of the most prized and used and desired actions of our species, is really the understanding and the attempt to say that man is related to the whole thing, related inexctricably to all reality, known and unknowable. This is a simple thing to say, but the profound feeling of it made a Jesus, a St. Augustine, a St. Francis, a Roger Bacon, a Charles Darwin, and an Einstein. Each of them in his own tempo and with his own voice discovered and reaffirmed with astonishment the knowledge that all things are one thing and that one thing is all things – plankton, a shimmering phosphorescence on the sea and the spinning planets and an expanding universe, all bound together by the elastic string of time. It is advisable to look from the tide pool to the stars and back to the tide pool again (*The Log From the Sea of Cortez,* 178).

In Verbindung mit der bereits vorher erwähnten Feststellung Steinbecks, dass jede kleine Veränderung im Ökosystem eine ebenso große Bedeutung wie eine große verheerende Veränderung besitzt, ergibt sich hieraus, dass all diesen Beobachtungen ein globaler Aspekt nicht zu nehmen ist.

Steinbecks Überzeugung des negativen Einflusses des Menschen auf seine Umwelt geht hierbei sogar soweit, dass er einen solchen annimmt, selbst wenn die Beweise für eine solche Aussage fehlen. Am 23. März ankert die *Western Flyer* vor San Jose Island, als der Besatzung eine kleine schwarze Insel mit dem Namen Cayo auffällt. Steinbeck schreibt, dass die Insel sogar aus der Distanz gebranntmarkt wirke (Vgl.: *The Log From the Sea of Cortez,* 106). Umgehend erwähnt er,"we had a feeling that something strange and dark had happened here or that it was the ruined work of men's hands." Fortfahrend mit einer Aussage, welche an die dystopischen Ausführungen in Rachel Carson's *Silent Spring* erinnert, bleibt Steinbeck bei seiner Vermutung, der Zustand der Insel rühre von Menschenhand her: "Whether or not it is the result of a deadly chemistry we cannot say" (*The Log From the Sea of Cortez,* 106) Diese Aussagen zeigen einmal mehr Steinbecks Ansichten bezüglich des Umganges der Menschen mit ihrer Umwelt.

An einer anderen Stelle in *The Log From the Sea of Cortez* sieht Steinbeck einen weiteren direkten Einfluss der Menschen auf den Golf von Kalifornien. Vor La Paz ankernd, prophezeit er, wie sich das Bild der Küstenstadt in den folgenden Jahren verändern könnte: "On the water's edge of La Paz a new hotel was going up, and it looked very expensive. Probably the airplanes will bring week-enders from Los Angeles before long, and the beautiful poor bedraggled old town will bloom with a Floridian ugliness" (*The Log From the Sea of Cortez,* 98). Hier äussert Steinbeck seine Befürchtung, dass dieses kleine alte Städtchen La Paz in der Zukunft dem Tourismus zum Opfer fallen könnte, was negative Folgen nicht nur auf die Ökologie der Region haben könnte.

Er ist sich über all dies hinaus im Klaren darüber, dass die Menschen etwas unternehmen müssen, um besser mit ihrer Umwelt und dem Ökosystem der Erde umzugehen, um den Lebensraum Erde für sich zu erhalten und seine Artenvielfalt zu schützen. Selbstredend findet auch Steinbeck in der Geschichte Unternehmungen, welche dieses Ziel hatten, allerdings prangert er in *The Log from the Sea of Cortez* auch an, dass diese oftmals eine falsche Richtung besaßen und aufgrund mangelnden Wissens eher das Gegenteil ihrer gewünschten Wirkung zur Folge hatten:

At one time an important game bird in Norway, the willow grouse, was so clearly threatened with extinction that it was thought wise to establish protective regulations and to place a bounty on its chief enemy, a hawk which was known to feed heavily on it. Quantities of the hawks were exterminated, but despite such drastic measures the grouse disappeared actually more rapidly than before. The naively applied customary remedies had obviously failed. But instead of becoming discouraged and quietistically letting the bird go the way of the great auk and the passenger pigeon, the authorities enlarged the scope of their investigations until the anomaly was explained. An ecological analysis into the relational aspects of the situation disclosed that a parasitic disease, coccidiosis, was epizootic among the grouse. In its incipient stages, the disease so reduced the flying speed of the grouse that the mildly ill individuals became easy prey for the hawks. In living largely off the slightly ill birds, the hawks prevented them from developing the disease in its full intensity and so spreading it more widely and quickly to otherwise healthy fowl. Thus the presumed enemies of the grouse, by controlling the epizootic aspects of the disease, proved to be friend in disguise (*The Log From the Sea of Cortez,* 120).

Einerseits zeigt Steinbeck an diesem Beispiel die weitreichenden Folgen, welches menschliches Handeln auf Lebewesen und Ökosysteme haben kann, andererseits verurteilt er die möglichen negativen Folgen, welche durch mangelndes Wissen im Umgang mit der Natur entstehen können. In dem von ihm in diesem Zitat dargelegten Fall war zwar der gute Wille vorhanden, das Eingreifen bewirkte allerdings aufgrund mangelnder Informationen das Gegenteil des gewünschten Effektes.

Das Erlassen von Gesetzen sieht John Steinbeck nur bedingt als Möglichkeit, dass Verhältnis der Menschen gegenüber ihrer Umwelt zu ändern. Vielmehr müsse daran gearbeitet werden, den Willen zu einem und den Glauben in den Köpfen der Menschen an einen verantwortungsbewussteren Umgang mit der Natur zu fördern. Nur so könnten auf lange Sicht Erfolge erzielt werden und eine positive Veränderung eintreten:

When a hypothesis is deeply accepted, it becomes a growth which only a kind of surgery can amputate. Thus, beliefs persist long after their factual bases have been removed, and practices based on beliefs are often carried on even when the beliefs which stimulated them have been forgotten. The practice must follow the belief. It is often considered, particularly by reformers and legislators, that law is a stimulant to action or an inhibitor of action, when actually the reverse is true. Successful law is simply the publication of the majority of units of a society, and by it the inevitable variable units are either driven to conform or are eliminated. We have had many examples of law trying to be the well-spring of action; our prohibition law showed how completely fallacious this theory is (*The Log From the Sea of Cortez,* 149).

Hier stellt Steinbeck folglich seinen Lösungsansatz für bestehende Umweltprobleme dar. Die Geschichte hat seiner Meinung nach gezeigt, dass erlassene Gesetze, bei einer fehlenden Identifikation mit ihnen und mangelndem Glauben an deren Rechtfertigung in der Bevölkerung, wenig Aussicht auf die erwünschten Folgen zulassen. Hierdurch propagandiert er, dass man den Willen in der Bevölkerung, Veränderungen durchzusetzen, fördern muss, weniger durch das Erlassen von Gesetzen, als vielmehr durch Aufklärung und Information. Folglich nimmt Steinbeck wieder jeden einzelnen Menschen in die Ver-antwortung, die bestehende Situation zum Besseren zu wenden, selbst im Sinne der Umwelt zu handeln. Auch hierbei kommt wieder die bereits mehrmals zitierte einleitende Passage, "None of it is important or all of it is," zum Tragen. Ebenso wie jedes noch so kleine invasive Eingreifen in ein Ökosystem seine Wichtigkeit besitzt, hat auch jedes noch so kleine umweltbewusste Handeln eines Einzelnen laut Steinbeck eine positive Auswirkung auf das Gesamtbild.

In *The Log From the Sea of Cortez* zieht John Steinbeck zuzüglich zu all den angeführten ökologischen Bedenken an einigen Stellen Parallelen zwischen der Tierwelt und der Menschheit. In Kapitel 11, welches die Ereignisse der Expedition der *Western Flyer* am 20. März beschreibt, zieht Steinbeck eine Parallele, welche besonders zum Nachdenken und Handeln anregt:

> With marine fauna, as with humans, priority and possession appear to be vastly important to survival and dominance. But sometimes it is found that the very success of an animal is its downfall. There are examples where the available food supply is so exhausted by the rapid and successful reproduction that the animal must migrate or die. Sometimes, also, the very by-products of the animals' own bodies prove poisonous to a too great concentration of their own species (*The Log From the Sea of Cortez*, 78f).

Betrachtet man allein den rapiden Bevölkerungsanstieg des letzten Jahrhunderts und die immer besorgniserregendere Nahrungs- und Wasserknappheit in bestimmten Gegenden der Erde, wirft diese Aussage Steinbecks unter Berücksichtigung der Anerkennung des Menschen als Spezies kein gutes Licht auf die Zukunft der Menschhet, falls sich nicht grundlegend etwas an ihrer Einstellung und ihrem Umgang mit der Umwelt ändert.[100]

---

[100]   Vgl.: Herwig Birg, *Historische Entwicklung der Weltbevölkerung: Jahrhunderte des Wachstums,* 2004, 15.02.2009,
<http://www.bpb.de/publikationen/OLHVTI,1,0,Historische_Entwicklung_der_Weltbev%F6lkerung.html#art1>

4.4 Widersprüchliche Aussagen und Handlungen in *The Log From the Sea of Cortez*

Wie die vorangegangenen Absätze darlegen, finden sich in John Steinbecks *The Log From the Sea of Cortez* eine Vielzahl von ökologischen Bestandsaufnahmen, Bedenken und Prophezeihungen, deren Wert im Bezug auf ihre Nachhaltigkeit und Bedeutung in der Folge noch weiter zu untersuchen sein wird. Um ein Gesamtbild der Aussagekraft von *The Log From the Sea of Cortez* zeichnen zu können, darf im Rahmen dieser Studie jedoch auch nicht unerwähnt bleiben, dass innerhalb des Buches einige dem Gesamtkanon widersprüchliche, bisweilen höchst paradoxe Aussagen und Verhaltensweisen der Besatzung der *Western Flyer* zu finden sind. Zu allererst sticht dem Betrachter hier das Sammelverhalten der Besatzung am El Pulmo Reef ins Auge. "El Pulmo was the only coral reef," welchem die *Western Flyer* auf der gesamten Expedition begegnete (*The Log From the Sea of Cortez,* 66). Ein jeder, der sich wie Steinbeck und Ricketts mit maritimer Biologie auseinandersetzt, sollte sich eigentlich der Komplexität eines Korallenriffs, der Dauer, welche es zu seiner Entwicklung benötigt sowie seiner Instabilität bewusst sein.[101] "Novice divers are instructed not to touch coral, as a touch may kill it, and breaking off pieces of coral is taboo."[102]

Steinbeck und Ricketts sowie der Rest der Besatzung der *Western Flyer* hätten sich folglich eigentlich der Instabilität und Einzigartigkeit eines Korallenriffs bewusst sein müssen. Verwunderlich ist in der Folge die unüberlegte Art und Weise, in der das Sammeln am El Pulmo Reef vonstatten geht:

> Clinging to the coral, growing on it, burrowing into it, was a teeming fauna. Every piece of the soft material broken off skittered and pulsed with life – little crabs and worms and snails. One small piece of coral might conceal thirty or forty species, and the colors on the reef were electric. The sharp-spined urchins gave us trouble immediately, for several of us, on putting our feet down injudiciously, drove the spines in our toes (*The Log From the Sea of Cortez,* 64f.).

So bewegt sich die Besatzung der *Western Flyer* nicht nur unüberlegt im Korallenriff, sondern bricht auch noch Teile der Korallen ab und legt somit ein überaus unverant-wortliches Verhalten an den Tag. Hinzu kommt, dass sich weder Steinbeck noch einer der anderen Besatzungsmitglieder tiefergehende Gedanken über dieses invasive Eingreifen in das instabile Ökosystem des Korallenriffs zu machen scheint.

---

[101]   Vgl.: Gladstein/Gladstein, „Revisiting the Sea of Cortez with a „Green" Perspective," 170.
[102]   Gladstein/Gladstein, „Revisiting the Sea of Cortez with a „Green" Perspective," 170.

Auch das rücksichtslose Entnehmen eines großen Seefarnes, des einzigen welchem die Expedition begegnete, stimmt den Leser nachdenklich:

> At last, under the reef, we saw a large fleshy gorgonian, or sea-fan, waving gently in the clear water, but it was deep and we could not reach it. One of us took off his clothes and dived for it, expecting at any moment to be attacked by one of those monsters we do not believe in. It was murky under the reef, and the colors of the sponges were more brilliant than in those exposed to greater light. The diver did not stay long; he pulled the large sea-fan free and came up again. And although he went down a number of times, this was the only one of this type of gorgonian he could find. Indeed it was the only one taken on the entire trip (*The Log From the Sea of Cortez,* 65f.).

Steinbeck ist sich zwar im Klaren darüber, dass die Besatzung der *Western Flyer* beim Sammeln im El Pulmo Reef ein unverantwortungsvolles und rücksichtsloses Verhalten an den Tag legte, diese Tatsache scheint ihm aber nicht weiter Sorgen zu bereiten: "The rush of collecting as much as possible before the tide recovered the reef made us indiscriminate in our collecting, but in the long run this did not matter" (*The Log From the Sea of Cortez,* 66). An diesem Punkt äußert Steinbeck auch sein Bedauern, dass die Expedition keine adäquate Tauchausrüstung mit sich geführt hat, was die Entdeckung weiterer "hazy wonders" in der Tiefe verhindert hat (*The Log From the Sea of Cortez,* 67). Gladstein und Gladstein kommen in diesem Zusammenhang nur zu dem Schluss, dass "contemporary diver[sic]/readers can only feel relief that the expedition lacked the requisite equipment."[103]

Ebenfalls verwunderlich ist im Gesamtzusammenhang die Tatsache, dass Tiny Coletto, eines der Besatzungsmitglieder, eine Vorliebe dafür hatte, Meerestiere aller Art zu harpunieren. Bereits einleitend findet sich in Kapitel 7 mit dem wahllosen Töten einer Schildkröte ein solcher Vorfall. Obgleich der Vorgang des Hapunierens und die folgende Tötung der Schildkröte überaus grausam erscheint, nimmt Steinbeck Abstand von jeglicher Kritik und erwähnt den gesamten Vorfall in Form einer Anekdote. Zwar entscheidet sich Tiny in der Folge dazu, nie wieder Schildkröten zu harpunieren und stellt sie für sich selbst dem Schweinswal als geschütztes Lebewesen gleich, dies hält ihn allerdings im weiteren Verlauf nicht davon ab, anderes Meeresgetier zu harpunieren (Vgl.: *The Log From the Sea of Cortez,* 38).[104]

So findet sich gegen Ende des Werkes in Kapitel 27 ein vergleichbarer Vorfall, bei dem Tiny Jagd auf Mantarochen macht.

---

[103] Gladstein/Gladstein, „Revisiting the Sea of Cortez with a „Green" Perspective," 171.
[104] Vgl. auch: Gladstein/Gladstein, „Revisiting the Sea of Cortez with a „Green" Perspective," 171.

Obwohl der Grund dieser Jagd lediglich zu sein scheint, dass Tiny nach dem Erlegen ein Foto mit dem Mantarochen machen will, es sich hierbei folglich um eine sinnlose Tötung handelt, schreibt Steinbeck, dass das ganze Boot plötzlich von einem "curious exitement" erfüllt war, und zieht noch nicht einmal in Erwägung, Tiny's Verhalten zu verurteilen (*The Log From the Sea of Cortez,* 208). Vielmehr schildert Steinbeck geradezu fröhlich erregt und mit Bewunderung die Vorkommnisse:

> He did not waste his time with careless strokes; he waited until the bow was right over one of the largest rays, then drove his spear down with all his strength. The heavy hamser ran almost smoking over the rail. Then it came to the bitt and struck with a kind of groaning cry, quivered, and went limp. When he pulled the harpoon on board, there was a chunk of flesh on it. Tiny was heart-broken (*The Log From the Sea of Cortez,* 208).

All diese Verhaltensweisen und Vorfälle widersprechen gewissermaßen dem Gesamtkanon von *The Log From the Sea of Cortez.* Im Gegensatz zu den ökologischen Bedenken und seiner Besorgnis für die Umwelt, die John Steinbeck über weite Phasen des Werkes aufführt und vertritt, beschreiben die oben aufgeführten Ereignisse ein der Umwelt gegenüber überaus rücksichtsloses und den ökologischen Absichten gegenüber kontraproduktives Verhalten in hohem Maße. Erstaunlich ist hierbei auch, dass Steinbeck sich dieses Fehlverhaltens nur bedingt bewusst zu sein scheint.

5. Die Ökologischen Aspekte in John Steinbecks *The Log From the Sea of Cortez*, die Ökologische Realität und die Gegenwärtige Amerikanische Umweltbewegung

Im Folgenden wird nun abschließend zu untersuchen sein, inwieweit John Steinbecks Bedenken und Prophezeihungen, welche er in *The Log From the Sea of Cortez* geäußert hat, in der heutigen ökologischen Realität, der gegenwärtigen amerikanischen Umwelt-bewegung sowie der gegenwärtigen Umweltpolitik auf amerikanischer und globaler Ebene Relevanz besitzen um die einleitend aufgestellte These, dass ebendies der Fall ist, auf ihre Richtigkeit hin überprüfen zu können.

Besonders besorgniserregend fand John Steinbeck das Vorgehen der japanischen Fischerflotte im Golf von Kalifornien, welche am 8. April 1940 den Weg der Expedition der *Western Flyer* gekreuzt hatte. Einerseits zeigte sich Steinbeck in *The Log From the Sea of Cortez* empört über den erschreckend großen Beifang der Flotte, welcher hunderte Tonnen Fisch und somit gute Nahrung zum Abfallprodukt machte. Auf der anderen Seite forderte er, dass Fischfangbeschränkungen für die Region erlassen werden müssen, um das Ökosystem im Allgemeinen und die Shrimp-Population im Einzelnen zu schützen. Wenn dies geschehe, so Steinbeck weiter, könnten Shrimps in der Region für immer verfügbar sein, falls nicht, könne dies das Ende der Shrimp-Industrie in Mexiko bedeuten (Vgl.: *The Log From the Sea of Cortez,* 206). Es scheint mehr als wahrscheinlich, dass diese Prophezeihung Realität hätte werden können, wenn die weitere Entwicklung nicht durch ein Ereignis verhindert worden wäre, welches Steinbeck unmöglich hätte voraussehen können. Noch im selben Jahr, in dem *The Log From the Sea of Cortez* publiziert wurde, griffen die Japaner ohne vorherige Kriegserklärung Pearl Harbor an und zwangen die USA somit zum Kriegseintritt in den Zweiten Weltkrieg. Diese Tastache verhinderte fast zehn Jahre lang, dass Japaner in der Region fischen konnten. Die Shrimp-Industrie ist nicht zuletzt daher bis heute die ertragsreichste der gesamten mexikanischen Fischereiindustrie geblieben. Es bleibt allerdings festzustellen, dass John Steinbeck in diesem Zusammenhang nur teilweise falsch lag. So besitzen einige Probleme, welche er bereits 1940 festgestellt hatte, heute immer noch uneingeschränkte Aktualität.[105]

---

[105]   Vgl.: Gladstein/Gladstein, „Revisiting the Sea of Cortez with a „Green" Perspective," 167f.

Die Tatsachen, dass die großen Fischkutter nicht energieeffiezient sind, zwölf Mal mehr Energie als die kleinen Fischerboote für den Fang derselben Menge Shrimps benötigen und der Beifang oftmals das doppelte der gefangenen Shrimpmenge beträgt, der nicht wie bei den kleinen Booten der lokalen Wirtschaft zugefügt werden kann, sind unverändert aktuell und mittlerweile auch zum Diskussionsgegenstand für Umweltaktivisten geworden.[106]

Interessant in diesem Zusammenhang ist darüber hinaus die Tatsache, dass Steinbecks Vorhersagen bezüglich der Shrimp-Industrie im Golf von Kalifornien andernorts, auch vor seiner eigenen Haustür, Wirklichkeit wurden.[107] "In 1936, the sardine catch brought to the Monterey canneries peaked at a billion and a half, making it the largest fishery in the United States. The catch declined progressively from that point until the entire industry was destroyed in the 1960's."[108] Heute lebt Monterey hauptsächlich vom Tourismus, von Steinbecks und Rickett's geschichtlichem Erbe und einem Aquarium.[109]

Ein ähnliches Schicksal hatte John Steinbeck der *Sea of Cortez* vorhergesagt: "On the water's edge of La Paz a new hotel was going up, and it looked very expensive. Probably the airplanes will bring week-enders from Los Angeles before long, and the beautiful poor bedraggled old town will bloom with a Floridian ugliness" (*The Log From the Sea of Cortez,* 98). Die hier geäußerten Bedenken Steinbecks bezüglich des Tourismus in La Paz sind ebenfalls Realität geworden. So schreibt Kiyoshi Nakayama in seinem Aufsatz *The Pearl in the Sea of Cortez: Steinbecks Use of the Environment* über seinen Besuch in La Paz fünfzig Jahre nach der Publikation von *The Log From the Sea of Cortez* Folgendes: "Fifty years later, in the early summer of 1989, a Mexicana jet brought me and dozens of tourists from Los Angeles to La Paz. The city I found had grown to a population of 180,000 people. The hotel where I stayed, Steinbecks "new," "expensive" Hotel Perla, was only one of many high-rise luxury units along the beach."[110] Immer weniger Einheimische können zudem im Golf von Kalifornien vom Fischfang leben. Der Tourismus ist hier zur Haupteinnahmequelle geworden:

---

[106]   Vgl.: Gladstein/Gladstein, „Revisiting the Sea of Cortez with a „Green" Perspective," 167f.
[107]   Vgl.: Gladstein/Gladstein, „Revisiting the Sea of Cortez with a „Green" Perspective," 167f.
[108]   Gladstein/Gladstein, „Revisiting the Sea of Cortez with a „Green" Perspective," 169f.
[109]   Vgl.: Gladstein/Gladstein, „Revisiting the Sea of Cortez with a „Green" Perspective," 170.
[110]   Kiyoshi Nakayama, „*The Pearl* in the Sea of Cortez: Steinbeck's Use of Environment," *Steinbeck and the Environment: Interdisciplinary Approaches,* ed. Susan F. Beegel/Susan Shillinglaw/Wesley N. Tiffney, Jr. (Tuscaloosa: University of Alabama, 1997) 194.

"Puerto Penasco, once a shrimping village, now sees tourism as its chief economic prospect. Shrimpers, who in the past could make enough in fishing season to survive for the whole year, now must seek other work to make a living."[111] Diese besorgniserregende Entwicklung hat ebenfalls negative Auswirkungen auf das Ökosystem der Region. Mehr Tourismus und die damit einhergehenden infrastrukturellen Veränderungen und Bauvorhaben haben schließlich einen nicht minder negativen Einfluss: "As the abundance of the fisheries is depleted, a factor no less dangerous to the environment has come into play. The quiet and deserted beaches that Steinbeck and Ricketts admired are now lined with condos. Tourism and developers may complete what the draggers and driftnets began."[112]

Interessant ist auch, dass diese Besorgnisse Steinbecks aus dem Jahre 1940 heute zum Thema in Politik und Umweltschutz geworden sind:

> Today, the debate over fishing practices employing these and similar methods still rages. The world's fisheries have been severely depleted by technologically advanced techniques of capturing and processing marine resources into commodities for human consumption. The use of driftnets that, when strung between two ships sailing as much as forty miles apart, can literally sweep the ocean clean of all living things is a practice much disputed by nations and abhorred by environmentalists.[...] The state of California recently banned the use of these nets within its waters, as have the states of Washington and Oregon. Again, it is the Japanese "with their industry and efficiency" who are most insistent on their use of these ecologically unsound methods.[113]

Es bleibt folglich festzustellen, dass obwohl Steinbecks Prophezeihungen für den Golf von Kalifornien nicht in allen Punkten eingetreten sind, was zum Teil darin begründet liegt, dass die Entwicklung durch Ereignisse, welche er unmöglich hatte vorausahnen können, unterbunden worden waren, doch in anderen Teilen der Welt traurige Realität geworden sind. Erfreulich hingegen ist, wie dem oben angeführten Zitat zu entnommen werden kann, dass mehr als fünfzig Jahre nach der Publikation von John Steinbecks *The Log From the Sea of Cortez* wenigstens einige der darin enthaltenen Forderungen in einigen Gegenden der Welt verwirklicht worden sind.

Wie bereits erwähnt, sah Steinbeck in *The Log From the Sea of Cortez* bereits die weitreichenden bishin zu globalen Folgen, welche das Auslöschen einer Spezies unter Umständen haben könnte:

---

111   Gladstein/Gladstein, „Revisiting the Sea of Cortez with a „Green" Perspective," 169.
112   Gladstein/Gladstein, „Revisiting the Sea of Cortez with a „Green" Perspective," 170.
113   Gladstein/Gladstein, „Revisiting the Sea of Cortez with a „Green" Perspective," 169.

The common, known multitudinous animals, the red pelagic lobsters which litter the sea, the hermid crabs in their billions, scavengers of the tide pools, would by their removal affect the entire region in widening circles. The disappearance of plankton, although the components are microscopic, would probably in a short time eliminate every living thing in the sea and change the whole of man's life, if it did not through a seismic disturbance of balance eliminate all life on the globe. For these little animals, in their incalculable numbers, are probably the food supply of the world (*The Log From the Sea of Cortez,* 178).

Auch bezüglich dieser Äußerungen scheint Steinbeck Recht behalten zu haben. Die durch das rücksichtslose Fangverhalten immer geringer werdenden Vorkommen an maritimen Lebewesen im Golf von Kalifornien haben auch negativen Einfluss auf die Populationen anderer Lebewesen, für welche diese die Hauptnahrungsquelle darstellen: "Not only are the shrimp being depleted, but large birds, such as pelicans, who depend on marine life, are also dying off. Indiscriminate collecting continues and pollutants are poisoning the upper gulf."[114] Hier muss allerdings auch erwähnt werden, dass Steinbeck mit einer weiteren Annahme, die er in diesem Zusammenhang äußerte, falsch lag. So ging er davon aus, dass das Verschwinden von raren Spezies eine eher geringe Auswirkung auf ökologische Systeme haben würde: "The rare animal might be of individual interest, but it is unlikely to be of much consequence in any ecological picture.[...] The extinction of one of the rare animals, so avidly sought and caught and named, would probably go unnoticed in the cellular world" (*The Log From the Sea of Cortez,* 178). So können einige dieser raren Spezies im Gegensatz zu Steinbecks Annahme durchaus eine große Bedeutung in der *cellular world,* in welcher sie vorkommen, besitzen, und ihr Verschwinden könnte darüber hinaus unter Umständen das gesamte ökologische Gleichgewicht ins Schwanken bringen. Gladstein und Gladstein führen in ihrem Artikel gleich zwei Beispiele auf, an welchen dies verifizieren werden kann:

---

[114]   Gladstein/Gladstein, „Revisiting the Sea of Cortez with a „Green" Perspective," 169.

Today's researchers in the pathology of the "cellular world" are learning of the healing effects of some of the rarest of species. One example is the Rosy Periwinkle. A plant native to the island of Madagascar, it is the main source of a drug used to combat cancer. Jay D. Hair, president of the National Wildlife Federation, whose daughter was cured by this drug, bemoans the fact that the natural habitat of this plant, the forested area of Madagascar, is almost totally destroyed. Taxol, which is derived from the rare yew tree, is another natural source of the life-saving drugs used effitently in the cure of ovarian and breast cancer. The habitat of this species is also gravely threatened by the clear-cutting practices of the nations north-west timber industry. These are but two examples of obscure species whose extinctions could have harmful effects on the rate of progress with which humanity conquers some of its most vexing and destructive health hazards.[115]

Vergleicht man John Steinbecks Ansichten, die er in *The Log From the Sea of Cortez* geäußert hat, mit der Ideologie der gegenwärtigen amerikanischen Umweltbewegung, stechen einem bereits auf den ersten Blick große Parallelen ins Auge. Besonders auffallend sind hierbei Steinbecks Ansichten bezüglich einer holistischen Weltsicht, ein Thema, welches auch innerhalb der Umweltbewegung eine mehr als wichtige Stellung einnimmt. Wie bereits erwähnt, finden sich direkt in der Einleitung zu *The Log From the Sea of Cortez* Anhaltspunkte, welche auf Steinbecks holistische Herangehensweise schließen lassen: "[...] Let us go," we said, "into the Sea of Cortez, realizing that we become forever a part of it; that our rubber boots slogging through a flat of eel-grass, that the rocks we turn over in a tide pool, make us truly and permanently a factor in the ecology of the region. We shall take something away from it, but we shall leave something, too" (*The Log From the Sea of Cortez*, 3). Steinbeck ist sich somit der Tatsache bewusst, dass die Besatzung der *Western Flyer* durch die Expedition in den Golf von Kalifornien für immer ein Teil von ihm und ein Faktor in der Ökologie der Region werden wird. So sei ihr Eingreifen zwar ein vergleichbar geringes, aber auch diese verhältnismäßig kleine Intervention besitzt nach Steinbeck im Gesamtbild ihre Wichtigkeit:

We take a tiny colony of soft coals from a rock in a little water world. And that isn't terribly important to the tide pool. Fifty miles away the Japanese shrimp boats are dredging with overlapping scoops, bringing up tons of shrimps, rapidly destroying the species so that it might never come back, and with the species destroying the ecological balance of the whole region. That isn't very important in the world. And thosuand of miles away the great bombs are falling and the stars are not moved thereby. None of it is important or all of it is (*The Log From the Sea of Cortez*, 3).

---

[115]   Gladstein/Gladstein, „Revisiting the Sea of Cortez with a „Green" Perspective," 172.

In diesem Absatz lassen sich auch zwei der Grundlagen der gegenwärtigen amerikanischen Umweltbewegung finden. Zwar handelt es sich hierbei um eine relativ geringfügige Intervention auf einer mit dem Golf von Kalifornien lokalen Ebene, allerdings darf ihre globale Tragweite laut Steinbeck nicht vernachlässigt werden. Folglich sind in diesen Passagen Steinbecks aus *The Log From the Sea of Cortez* mit *Act locally* und *Think globally* zwei Schlagwörter der gegenwärtigen amerikanischen Umweltbewegung zu finden.

Steinbecks holistische Weltanschauung findet sich darüber hinaus noch an weiteren Stellen innerhalb des Werkes: "One merges into another, groups melt into ecological groups until the time when what we know as life meets and enters what we think of as non-life: barnacle and rock, rock and earth, earth and tree, tree and rain and air. And the units nestle into the whole and are inseparable from it" (*The Log From the Sea of Cortez,* 178). In diesem Satz nimmt Steinbeck vorweg, was Jahrzehnte später Einzug in die Umweltbewegung erhalten sollte. Die gegenwärtige amerikanische Umweltbewegung, insbesondere die Befürworter der Gaia-Hypothese, vertreten, wie bereits erwähnt, eben diesen Standpunkt der Verbundenheit alles Seienden.

So gehen auch sie davon aus, dass eine Grenze zwischen lebender und nicht-lebendiger Umwelt nur schwer zu ziehen ist: "Proponents of Gaia, [...] have observed, that the boundary line between life and the inanimate environment that most of us assume to be resolutely engraved cannot clearly be drawn. Just as matter and energy are radically different yet ultimately interchangeable phenomena, so too are the environment and living organisms ultimately functions of one another."[116] Steinbeck kommt ebenfalls zu dem Schluss, dass wenn einem diese holistische Ansicht auf die Welt gegeben ist, "ecology has a synonym which is ALL"(*The Log From the Sea of Cortez,* 71f.). Es ist bemerkenswert, dass diese Aussage Steinbecks vierzig Jahre später ebenfalls beinahe deckungsgleich Einzug in die Umweltbewegung erhalten hat: "Barry Commoner, one of contemporary environ-mentalism's best-known champions enunciated a similar message about this inter-connectedness. For him it is the first law of ecology: "Everything is connected to every-thing else."[117] Es ist überaus erstaunlich, dass Steinbecks Äusserungen in *The Log From the Sea of Cortez* Jahrzehnte nach dessen Publikation in diesem Maße Einuzg in die Umweltbewegung erhalten haben.

---

116   Gladstein/Gladstein, „Revisiting the Sea of Cortez with a „Green" Perspective," 165.
117   Gladstein/Gladstein, „Revisiting the Sea of Cortez with a „Green" Perspective," 164.

Ebenso bemerkenswert ist die Tatsache, dass Steinbeck 1940, in einer Zeit, welche noch stark vom *conservation movement* geprägt war, derartige Aussagen überhaupt zu tätigen im Stande war. Um die beschriebene holistische Weltanschauung entwickeln und vertreten zu können ist es unabdingbar, den Menschen als einfaches Lebewesen, als eine Spezies unter vielen anzuerkennen.[118] Dies tut Steinbeck innerhalb von *The Log from the Sea of Cortez* an mehreren Stellen. So findet sich bereits einleitend in Kapitel 2, noch bevor die Expedition der *Western Flyer* in den Golf von Kalifornien beginnt, ein Absatz, in welchem John Steinbeck kritisiert, dass der Mensch es meidet, sich selbst als Spezies anzuerkennen:

> We have looked into the tide pools and seen little animals feeding and reproducing and killing for food. We name them and describe them and, out of long watching, arrive at some conclusion about their habits so that we say, "This species typically does thus and so," but we do not objectively observe our own species as a species, although we know the individuals fairly well. When it seems that men may be kinder to men, that wars may not come again, we completely ignore the record of our species (*The Log From the Sea of Cortez*, 15).

John Steinbeck hat die Menschheit als Spezies erkannt, eine Tatsache, welche als Voraussetzung für seine holistische Weltanschauung gesehen werden muss. Steinbeck fährt fort:

> Man is the only animal whose interest and whose drive are outside himself. Other animals may dig holes to live in; may weave nests or take possession of hollow trees. Some species, like bees or spiders, even create complicated homes, but they do it with the fluids and processes of their own bodies. They make little impression on the world. But the world is furrowed and cut, torn and blasted by man. Its flora has been swept away and changed; its mountains torn down by man; its flat lands littered by the debris of his living (*The Log From the Sea of Cortez*, 73).

In diesem Vergleich der Spezies Mensch mit anderen Spezies stellt John Steinbeck heraus, dass der Mensch die einzige Spezies ist, welche sich an Dingen außerhalb sich selbst orientiert. Hierin liegt laut Steinbeck die Grundlage für das destruktive Verhalten, das der Mensch gegenüber der Umwelt an den Tag legt. Alle anderen Lebewesen benötigen nur das, was zum Überleben notwendig ist und üben somit wenig negativen Einfluss auf ihre Umwelt aus; nicht so der Mensch, welcher die Erdoberfläche und somit das Ökosystem Erde derart durch sein Handeln verändert.

---

[118]   Gladstein/Gladstein, „Revisiting the Sea of Cortez with a „Green" Perspective," 165f.

Dies reicht Steinbeck aus, den modernen Menschen zu kritisieren: "Physiological man does not require this paraphernalia to exist, but the whole man does. He is the only animal who lives outside of himself, whose drive is in external things – property, houses, money, concepts of power. He lives in his cities and his factories, in his business and job and art" (*The Log From the Sea of Cortez,* 73). Er geht in seinen weiteren Ausführungen sogar über dies hinaus und sieht in dieser *Externalisation* eine Mutation, eine These, welche bei genauerer Betrachtung nichts Gutes für die Zukunft der Menschheit prophezeit[119]:

> If then the projection, the preoccupation of man, lies in external things so that even his subjectivity is a mirror of houses and cars and grain elevators, the place to look for his mutation would be in the direction of his drive, or in other words in the external things he deals with. And here we can indeed readily find evidence of mutation. The industrial revolution would then be indeed a true mutation [...]. It is a rule in paleontology that ornamentation and complication precede extinction. And our mutation, of which the assembly line, the collective farm, the mechanized army, and the mass production of food are evidences or even symptoms, might well correspond to the thickening armor of the great reptiles – a tendency that can only end in extinction (*The Log From the Sea of Cortez,* 73f.).

Diese Prophezeihung Steinbecks ist zwar noch nicht engetroffen, allerdings kann auch sie aus der Sicht der gegenwärtigen Wissenschaft bestätigt werden:

> A half century later, the Sea of Cortez stimulated similar thoughts in naturalist John Janovy. Explaining that "paleontologists tell us that our planet has experienced several massive extinctions; in each the diversity of life was greatly diminished", Janovy speculates that the world is experiencing its third major reduction in global diversity even as the reader pursues his words. The tropical rainforests that are being cleared contain about 70 percent of the genetic information that, according to Janovy, spell "life on earth.[120]

So hat die von Steinbeck festgestellte *Externalisation* aus Sicht der heutigen Wissenschaft verheerende Folgen auf den Lebensraum Erde. In der Abholzung des Regenwaldes, welcher laut Janovy 70 Prozent der genetischen Informationen der Welt beinhaltet, schlägt sich dieses Verhalten in besonders hohem Ausmaße nieder. Folglich lag Steinbeck auch diesbezüglich richtig.

---

[119]   Vgl.:Gladstein/Gladstein, „Revisiting the Sea of Cortez with a „Green" Perspective," 166.
[120]   Gladstein/Gladstein, „Revisiting the Sea of Cortez with a „Green" Perspective," 167.

6. Schluss

"Literary works often precede and foretell the articulation of philosophical concepts."[121] Diese These aus einem Aufsatz der Steinbeck-Forschung der vergangenen Jahre fand sich in der Einleitung der vorliegenden Studie. Nach all den vorausgegangen Ausführungen liegt es allerdings klar auf der Hand, dass die Bedeutung der These für diese Studie über einen bloßen einleitenden Aspekt hinaus ging. So stellte sie in gewissem Maße auch einen Teil des der Studie zu Grunde liegenden Erkenntnisinteresses dar und war darüber hinaus ebenfalls in der dieser Studie zu Grunde liegenden These wiederzufinden. So war es ein Ziel der Studie herauszuarbeiten, inwieweit scih einige der sich in John Steinbecks *The Log From the Sea of Cortez* befindenden Äußerungen in den ideologischen Grundlagen der gegenwärtigen amerikanischen Umweltbewegung wiederfinden lassen. Darüber hinaus stand neben der Genrefrage auch jene im Vordergrund, ob und in welchem Maße Steinbecks Befürchtungen und Prophezeihungen in der heutigen ökologischen Lage Realität geworden sind, woraufhin sie im Rückschluss auch wieder Bedeutung für die Umweltbewegung und -politik erlangen würden. Um diese Fragen beantworten zu können, wurde in einem ersten Teil der Studie über Erläuterungen bezüglich der amerikanischen Umweltgeschichte, der Grundlagen der US-amerikanischen Umweltbewegung, der modernen amerikanischen Umweltbewegung und der Entstehung einer globalen Umweltpolitik der Weg zur gegenwärtigen US-amerikanischen Umweltbewegung und den dieser zu Grunde liegenden ideologischen Ansichten und Themen dargelegt.

Im auf diese Ausführungen folgenden Punkt, welcher sich dem Genre des *Nature Writing*, seiner Geschichte und seinen Charakteristika widmete, wurde unter Berücksichtigung der einschlägigen Sekundärliteratur das Rahmenwerk für die nachfolgende Diskussion der Genrebestimmung von John Steinbecks *The Log From the Sea of Cortez*, welche ebenfalls ein erklärtes Ziel der vorliegenden Studie darstellte, erarbeitet.

Im Rahmen dieser Diskussion liessen sich anfangs Anzeichen dafür finden, dass *The Log From the Sea of Cortez* einige dem Genre des *Nature Writing* entsprechende Charakteristika besitzt. Es konnte dargelegt werden, dass sich in Steinbecks Auführungen jenes Gefühl für die Natur, für die Einigkeit sowie eine tiefe Verbundenheit zwischen dem Menschen und allem Lebenden wiederfinden lässt, welches dem Genre zugrunde liegt.

---

[121]   Gladstein/Gladstein, "Revisiting the Sea of Cortez with a "Green" Perspective" 162.

Auch in John Elder's Definition des *Nature Writing,* welche es als "a form of the personal, reflective essay grounded in attentiveness to the natural world and an appreciation of science but also open to the spiritual meaning and intrinsic value of nature," beschrieb, konnten Parallelen zu *The Log From the Sea of Cortez* entdeckt werden.

So konnte innerhalb des Werkes immer wieder Steinbeck's Verhältnis zur Natur sowohl unter Berücksichtigung der Wissenschaft als auch der tieferliegenden spirituellen Bedeutung und den innewohnenden Werten der Natur gefunden werden. Darüber hinaus konnte am Text herausgestellt werden, dass Steinbeck die im Rahmen der Expedition eingesammelten Proben einerseits unter ihrer wissenschaftlichen Bedeutung betrachtet, auf der anderen Seite aber auch eine Verbindung zwischen Mikro- und Makrokosmos, zwischen wissenschaftlichen und philosophischen Ansichten zu erstellen vermag. All diese Ergebnisse ließen zunächst den Schluss zu, es handle sich bei John Steinbecks *The Log From the Sea of Cortez* um ein Werk, welches dem Genre des *Nature Writing* zuzusprechen ist. Im weiteren Verlauf der Auseinandersetzung mit dieser Thematik konnte allerdings erarbeitet werden, dass *The Log From the Sea of Cortez* dem Genre des *Nature Writing* trotz der gefundenen Parallelen nicht zuzuordnen ist. So widerspricht es den Konzeptionen des Genres des *Nature Writing* nach Fritzell zumindest insofern, dass anstelle der ersten Person Singular ebendiese ausnahmslos im Plural vorherrscht. Ein weiterer Aspekt, der gegen eine Zuordnung zum Genre des *Nature Writing* spricht, war Steinbecks eigene Ansicht, eine neue Art des Schreibens entwickelt zu haben. In der Folge konnte John Steinbecks *The Log From the Sea of Cortez* unter Zuhilfenahme der Sekundärliteratur dem *scientific travel narrative* zugeordnet werden. Diese Zuordnung lag unter anderem auch in der zentrale Rolle die Darwins *Voyage of the Beagle* für die Expedition der *Western Flyer* einnahm, begründet.

Obwohl auch die Parallelen von John Steinbecks *The Log From the Sea of Cortez* zum Genre des *Nature Writing* nicht geleugnet werden konnten, ließ es sich somit höchstens der Peripherie von Fritzell's *Synchronic diagram of Nature Writing and associated forms and types* angliedern. Darüber hinaus muss *The Log From the Sea of Cortez* als neue Spezies innerhalb des Genres betrachtet werden, was Steinbecks Aussage, eine neue Art des Schreibens entwickelt zu haben, unterstützt.

Ein einleitender Absatz skizzierte in der Folge den Verlauf der Expedition der *Western Flyer*. Dieser Diskurs über den Expeditionsverlauf erschien an dieser Stelle dahingehend sinnvoll, dass er als Grundlage und Rahmenwerk für Steinbecks Ausführungen, welche den Kern dieser Studie bildeten, dienen, und sich darin darüber hinaus bereits Aufschlüsse über den ökologischen Grundkanon des Werkes finden lassen.

Im an diese Ausführungen anschließenden Teil der Studie wurden zunächst die ökologischen Aspekte aufgeführt, welche sich innerhalb des Werkes finden lassen. Dies war notwendig, um später die Bearbeitung der zentralen These der vorliegenden Studie zu ermöglichen, dass sich jene Aspekte in der Ideologie und den Themen der gegenwärtigen amerikanischen Umweltbewegung und in der globalen politischen Agenda niedergeschlagen haben und dass Steinbecks in *The Log From the Sea of Cortez* artikulierten Befürchtungen und Prophezeihungen Teil der heutigen ökologischen Realität geworden sind. Auch eine Auseinandersetzung mit denen dem ökologisch verantwortungsvollen Grundkanon in *The Log From the Sea of Cortez* wiedersprüchlichen Handlungen und Äußerungen war in diesem Rahmen notwendig und wurde durchgeführt.

Nach Auswertung der erlangten Erkenntnisse sind überraschende Ergebnisse zu Tage getreten, da herausgestellt werden konnte, dass nicht wenige von Steinbecks Befürchtungen und Prophezeihungen Realität geworden sind.

So wurde bewiesen, dass sich dessen Bedenken bezüglich der japanischen Fischerflotte zumindest teilweise bewahrheitet haben. Zwar verhinderte der Angriff der Japaner auf Pearl Harbor 1941 und der folgende Kriegseintritt der USA für mehr als zehn Jahre, dass Japaner im Golf von Kalifornien fischen durften, und die Shrimp-Industrie ist nicht zuletzt daher bis heute die ertragsreichte der gesamten mexikanischen Fischereiindustrie geblieben. Allerdings konnte herausgearbeitet werden, dass sich Umweltaktivisten aus Gründen der mangelnden Energieeffizienz und der verheerenden Folgen für Mensch und Natur sowie des erschreckend hohen Beifanges der Fischerflotte, den Steinbeck auch schon kritisiert hatte, heute auch vermehrt dieser Missstände annehmen.

Interessant in diesem Zusammenhang ist darüber hinaus die Tatsache, dass Steinbecks Prophezeihungen bezüglich der Shrimp-Industrie im Golf von Kalifornien andernorts, mitunter auch in Monterey, Realität geworden sind. So fand der dortige Sardinenfang, welcher einst die größte Fischereiindustrie der Vereinigten Staaten gewesen war, 1960 aufgrund immer mehr zurückgehender Sardinenvorkommen ein jähes Ende.

Monterey lebt heute hauptsächlich, ebenso wie viele Gebiete im Golf von Kalifornien, wie von Steinbeck in *The Log From the Sea of Cortez* prophezeit, vom Tourismus.

Besonders interessant ist auch, dass Fischfangbeschränkungen, welche Steinbeck bereits 1941 gefordert hatte, heute zu einem wichtigen Thema von Umweltschutz und -politik geworden sind, eine Tatsache, die ebenfalls im Rahmen dieser Studie herausgearbeitet werden konnte.

Es ist folglich festzustellen, dass wenn auch Steinbecks Prophezeihungen für den Golf von Kalifornien nicht in allen Punkten eingetreten sind, was zum Teil darin begründet liegt, dass die Entwicklung durch Ereignisse, welche er unmöglich hatte vorausahnen können, unterbunden worden waren, sich doch in anderen Teilen der bewahrheitet haben. Erfreulich hingegen ist, dass wenigstens einige seiner Forderungen in einigen Gegenden der Welt verwirklicht worden sind.

Besonders bemerkenswert ist auch die Tatsache, dass in der vorliegenden Studie bewiesen werden konnte, dass einige der Ansichten, welche Steinbeck 1941 in *The Log From the Sea of Cortez* artikuliert hatte, Einzug in die ideologischen Grundlagen der gegenwärtigen amerikanischen Umweltbewegung erhalten haben. Besonders auffallend sind hierbei jene Ansichten bezüglich einer holistischen Weltsicht. Im Verlauf der Diskussion konnte bewiesen werden, dass diese auch innerhalb der gegenwärtigen Umweltbewegung eine wichtige Stellung einnimmt. So konnte die Studie darlegen, dass sich Steinbecks diesbezügliche Aussagen in den Schlagwörtern der gegenwärtigen Umweltbewegung *Act locally* und *Think globally* wiederfinden lassen. Auch vertreten die Befürworter der Gaia-Hypothese, die eine wichtige Strömung in der modernen amerikanischen Umwelt-bewegung darstellt, ebendieses von Steinbecks geäußerte holistische Konzept der Verbundenheit alles Seienden.

Über all die aufgeführten Erkenntnisse hinaus hat John Steinbeck die Menschheit als Spezies erkannt anerkannt, eine Tatsache, die nicht nur die Voraussetzung für seine holistische Weltanschauung darstellte. So artikulierte Steinbeck in *The Log From the Sea of Cortez*, dass der Mensch die einzige Spezies ist, welche sich an Dingen außerhalb sich selbst orientiert. Hierin findet er die Grundlage für das destruktive Verhalten, welches der Mensch gegenüber seiner Umwelt an den Tag legt. Im Gegensatz zu allen anderen Lebewesen ist der Mensch das einzige, welches die Erdoberfläche und somit das Ökosystem Erde durch sein Handeln verändert.

Dieses Verhalten nimmt Steinbeck zum Anlass, die Menschen zu kritisieren und sieht in dieser *Externalization* von deren Verhaltens eine Mutation, welche seiner Meinung nach auf lange Sicht nur das Aussterben der Menschheit bedeuten kann.

In der vorliegenden Studie konnte belegt werden, dass diese Ansicht auch in der gegenwärtigen Wissenschaft vertreten wird.

Die diesen Ergebnissen und dem ökologischen Gesamtkanon von *The Log From the Sea of Cortez* widerspüchlichen Handlungen sind zwar verwunderlich, können aber die Gesamtaussage des Werkes in ihrer Nachhaltigkeit nicht schmälern. Nach Abwiegen der erarbeiteten Ergebnisse bleibt festzustellen, dass Steinbecks ökologisch verantwortungs-volle und weitsichtige Aussagen schwerer wiegen als die ihnen widersprüchlich gegenüberstehenden.

Alles in Allem bleibt abschließend festzustellen, dass John Steinbecks *The Log From the Sea of Cortez* mit einigen wenigen Ausnahmen attestiert werden kann, dass es Thesen aufzuwerfen und Probleme aufzudecken in der Lage war, welche sich fünfzig Jahre später in den ideologischen Grundlagen der gegenwärtigen amerikanischen Umweltbewegung sowie in der Agenda der globalen Umweltpolitik niederschlagen sollten. Die einleitend aufgestellte These, dass John Steinbecks *The Log From the Sea of Cortez* Aussagen, Ansichten und Befürchtungen beinhaltet, welche sich in dem ideologischen Katalog der gegenwärtigen amerikanischen Umweltbewegung und der Agenda der gegenwärtigen Umweltpolitik niedergeschlagen und in der ökologischen Realität bewahrheitet haben, kann unter Berücksichtigung der oben angeführten Ergebnisse mit einigen wenigen Abstrichen als bewiesen gelten. Diese Lücke in den *Steinbeck Studies* konnte somit wie erwünscht geschlossen werden.

Steinbecks ungeheure Weitsicht und sein bemerkenswertes Verständnis für ökologische Zusammenhänge auf sowohl der mikro- wie auch auf der makroskopischen Ebene können und müssen darüber hinaus nach dieser Studie bewundert werden.

Man kann nur hoffen, dass die folgende Erkenntnis aus Steinbecks letztem Buch *America and Americans* im selben Maße wie all die aufgeführten Aspekte aus *The Log From the Sea of Cortez* der Wahrheit entsprechen und dass dies genug sein wird, der ökologischen Krise auf lange Sicht Herr zu werden: "We are slow to learn, but we learn."[122]

---

[122]   John Steinbeck, *America and Americans* (New York: Viking, 1966) 130.

7. Bibliographie

7.1 Primärtexte

- Carson, Rachel. *Silent Spring.* Harcourt: Houghton Mifflin, 2002.

- Steinbeck, John. *America and Americans.* New York: Viking, 1966.

- Steinbeck, John. *The Log From the Sea of Cortez.* New York: Penguin Books, 1995.

- Henry David Thoreau. *Walden.* 1856. ed. Jeffrey S. Kramer. New Haven: Yale University, 2004.

7.2 Sekundärtexte

- Armbruster, Karla/Wallace, Kathleen R. "Introduction: Why Go Beyond Nature Writing and Where To?" *Beyond Nature Writing: Expanding the Boundaries of Ecocriticism.* ed. Armbruster, Karla/Wallace, Kathleen R. Charlottesville: University of Virginia, 2001. 1-25.

- Astro, Richard. "Introduction." *The Log From the Sea of Cortez.* ed. Steinbeck, John. New York: Penguin Books, 1995. vii-xxiii.

- Astro, Richard. *John Steinbeck and Edward F. Ricketts: The Shaping of a Novelist.* Minneapolis: University of Minnesota, 1973.

- Barney, Gerald O. *The Global 2000 Report to the President: Entering the Twenty-first Century.* Arlington: Seven Locks, 1980.

- Birg, Herwig. *Historische Entwicklung der Weltbevölkerung: Jahrhunderte des Wachstums.* 2004. 15.02.2009. <http://www.bpd.de/publikationen/OLHVTI,1,0,Historische_Entwicklung_der_Weltb ev%F&lkerung.html#art1>

- Brodwin, Stanley. ""The Poetry of Scientific Thinking": Steinbeck's *Log From the Sea of Cortez* and Scientific Travel Narrative." *Steinbeck and the Environment: Interdisciplinary Approaches.* ed. Beegel, Susan F./Shillinglaw, Susan/Tiffney, Wesley N. Jr. Tuscaloosa: University of Alabama, 1997. 142-160.

- Buell, Lawrence. *The Environmental Imagination: Thoreau, Nature Writing and the Formation of American Culture.* Cambridge: Belknap Press of Harvard University, 1995.

- Coates, Peter. "Review Essay: Nature's Nation: An Environmental History of the United States." *Environmental History* 4.1 (1999): 100-103.

- Dauvergne, Peter (ed.). *Handbook of Global Environmental Poltics.* Cheltenham: Elgar, 2005.

- Dorman, Robert L. *A Word for Nature: Four Pioneering Environmental Advocates. 1845-1913.* Chapel Hill: University of North Carolina, 1988.

- *Earth Summit: UN Conference on Environment and Development (1992).* 1997. 05.02.2009. <http.://www.un.org/geninfo/bp/enviro.html>

- Elliott, Lorraine. *The Global Politics of the Environment.* Houndsmills: Palgrave McMillan. 2004.

- Fritzell, Peter A. *Nature Writing and America: Essays upon a Cultural Type.* Ames: Iowa State University, 1990.

- Garrard, Greg. *Ecocriticism.* New York: Routledge, 2004.

- Gladstein, Clifford Eric/Reisel Gladstein, Mimi."Revisiting the Sea of Cortez with a "Green" Perspective." *Steinbeck and the Environment: Interdisciplinary Approaches.* ed. Beegel, Susan F./Shillinglaw, Susan/Tiffney, Wesley N. Jr. Tuscaloosa: University of Alabama, 1997. 161-175.

- Glotfelty, Cheryll. "Introduction: Literary Studies in an Age of Environmental Crisis" *The Ecocriticism Reader: Landmarks in Literary Ecology.* ed. Glotfelty, Cherryll. Athens: University of Georgia, 1996. vii-xxxvii.

- Gottlieb, Robert. *Forcing the Spring: The Transformation of the American Environmental Movement.* Washington: Island Press, 2005.

- Hedgpeth, Joel W. "John Steinbeck: Late-Blooming Environmentalist." *Steinbeck and the Environment: Interdisciplinary Approaches.* ed. Beegel, Susan F./Shillinglaw, Susan/Tiffney, Wesley N. Jr. Tuscaloosa: University of Alabama, 1997. 293-309.

- Kelley, James C. "John Steinbeck and Ed Ricketts: Unserstanding Life in the Great Tide Pool." *Steinbeck and the Environment: Interdisciplinary Approaches.* ed. Beegel, Susan F./Shillinglaw, Susan/Tiffney, Wesley N. Jr. Tuscaloosa: University of Alabama, 1997. 27-42.

- Leopold, Aldo. *A Sand County Almanac and Sketches Here and There.* New York: Oxford University, 1949.

- Lovelock, James E. *Das Gaia-Prinzip: Die Biographie Unseres Planeten.* Zürich: Artemis&Winkler, 1991.

- Maurer, Marcus/Reinemann, Carsten. *Medieninhalte: Eine Einführung.* Wiesbaden: Verlag für Sozialwissenschaften, 2006.

- Mayer, Sylvia. *Naturethik und Neuengland-Regionalliteratur: Harriet Beecher Stowe, Rose Terry Cooke, Sarah Orne Jewett, Mary E. Wilkins Freeman.* Heidelberg: Winter, 2004.

- McKibben, Bill. "Intorduction." *American Earth: Environmental Writing Since Thoreau.* ed. McKibben, Bill. New York: Literary Classics of the United States, 2008. xxi-xxxi.

- Nakayama, Kiyoshi. "*The Pearl* in the Sea of Cortez: Steinbeck's Use of the Environment."*Steinbeck and the Environment: Interdisciplinary Approaches.* ed. Beegel, Susan F./Shillinglaw, Susan/Tiffney, Wesley N. Jr. Tuscaloosa: University of Alabama, 1997. 194-208.

- Opie, John. *Nature's Nation: An Environmental History of the United States.* Fort Worth: Harcourt Brace, 1998.

- Paehlke, Robert C. *Environmentalism and the Future of Progressive Politics.* New Haven: Yale University, 1989.

- Pepper, David. *The Roots of Modern Environmentalism.* London: Croom Helm, 1984.

- Perez, Betty L. "The Form of the Narrative Section of *Sea of Cortez:* A Specimen Collected from Reality." *Steinbeck Quarterly 9 (Spring 1976)* : 36-45.

- Peterson, Richard F. "Steinbeck's The Log From the Sea of Cortez (1951)." *A Study Guide to Steinbeck (Part II).* ed. Hayashi, Tetsumaro. Metuchen: Scarecrow, 1979. 87-100.

- Scheese, Don. *Nature Writing: The Pastoral Impulse on America.* New York: Routledge, 2002.

- Simmonds, Roy. "A World to Be Cherished: Steinbeck as a Conservationalist and Ecological Prophet." *Steinbeck and the Environment: Interdisciplinary Approaches.* ed. Beegel, Susan F./Shillinglaw, Susan/Tiffney, Wesley N. Jr. Tuscaloosa: University of Alabama, 1997. 323-334.

- Steinbeck, John. *Steinbeck: A Life in Letters.* ed. Steinbeck, Elaine/Wallsten, Robert. New York: Viking, 1975.

- Strong, Maurice. "Global Sustainable Development." *Globalization, Globalism, Environments, and Environmentalism: Conciousness of Connection.* ed. Vertovec, Steven/Posey, Darrell. Oxford: Oxford University, 2003.

- Taylor, Bron Raymond. *Ecological Resistance Movements: The Global Emergence of Radical and Popular Environmentalism.* Albany: State University of New York, 1995.

Persönliche Angaben

Geburtsdatum: 29.01.1983
Geburtsort: Stadt Hagen/Nordrheinwestfalen

Ausbildung

2004-2009   Otto-Friedrich-Universität Bamberg
             M.A. Anglistik, Kommunikations-
             wissenschaft, Geschichte
1994-2003   Johann-Christian-Reinhart Gymnasium Hof
             Abitur: Englisch, Geschichte, Deutsch, Biologie

Berufliche Erfahrung

2009   Werkstudium Siemens Healthcare Customer Communications
             - Verfassen von Texten für Online-News, E-Newsletter, Kundenmagazin; e/d

2008/09   4-monatiges Praktikum (Kultur/Öffentlichkeitsarbeit) Goethe-Institut San Francisco, USA
             - Öffentlichkeitsarbeit; Marketing/PR; Werbung; Projektmanagement; e/d

2007/08   6-monatiges Praktikum (PR/Marketing) Rehau Ltd., UK
             - Verfassen von Pressemitteilungen, Artikeln; Kommunikation intern/extern; Marketing/PR; e/d

2007   1,5-monatiges Praktikum (Corporate Communications) Rehau AG+CO
             - Verfassen von Pressemitteilungen, Artikeln; Kommunikation intern/extern; Marketing/PR; e/d

2003/04   15 Monate Operativer Informationsdienst der Bundeswehr
             - Öffentlichkeitsarbeit; Verfassen von Pressemitteilungen; Marketing; Werbung; PR; d